이 책은 삶과 창업의 지혜, 창업하고 생존하고 성공하는
방법의 가르침을 자녀들에게 남기는 아버지의 이야기다.

아버지가 가르쳐주는

3일간의 창업수업

김동주

저자(아버지)에게 창업을 성공하기위해 가장 중요하고 필요한 것이 무엇이냐고 묻는다면
과하지도 부족하지도 않은 적절한 용기라고 말하고 싶다.

박영사

창업시장경제를 학습하고 미래를 디자인하라

이 책은 삶과 창업의 지혜, 창업하고 생존하고 성공하는 방법의 가르침을 자녀들에게 남기는 아버지의 이야기다. 창업은 어려움보다 희망이 더 크다.

용기가 없거나 방법을 모르거나 나이가 많아 우물쭈물 창업을 망설이고 있다면 이 책이 도움이 될 것이다. 이 책은 경영이론이나 창업요령이나 기교를 가르치는 책이 아니다. 졸업 후 사회에 첫발을 내딛는 사람, 군을 제대하고 뭔가를 시도하려는 사람, 직장을 은퇴하고 창업을 생각해 보는 사람, 직업을 바꿔보려는 사람, 창업을 준비하는 사람과 이미 창업한 사람들과 창업의 실무지식과 지혜를 공유하려는 책이다. 이 책이 출판되기까지 43년간의 사업을 하면서 깨닫고 터득한 아버지^{저자}의 내공을 3년에 걸쳐 간편 정리했다. 읽은 방법에 따라 하루, 한 주, 한 달에

마스터할 수 있다. 창업하려면 제대로 하라.

　1강에서는 건강한 창업자 정신, 꿈을 현실로 바꾸는 법, 창업으로 성공하는 방법을 학습하고

　2강에서는 창업자마다 달라야 하는 창업방법, 청년, 아줌마, 은퇴자의 창업방법을 학습하고

　3강에서는 창업시장에서 생존하는 법, 사례로 배우는 사업성분석, 창업의 지혜를 학습하고

　4강에서는 창조적 모방의 전략적 창업, 파괴적 혁신, 착한가게 오픈하는 방법을 학습하고

　5강에서는 오늘날 장사하는 방법, 월수 300~500만원 창업디자인에 대하여 학습하고

　6강에서는 삶과 창업의 지혜, 창업자 정신과 올바른 창업방법을 학습한다.

독자들에게

어떻게 하느냐보다
어떤 사람이냐가 더 중요하다

오늘날은 평범한 창업을 해서는 성공할 수 없다. 평범한 것들은 차고 넘친다. 창업시장경제^{생산판매소비} 활동는 창업자들만 알아야 하는 것이 아니다. 취업할 사람과 취업한 사람, 은퇴할 사람과 은퇴한 사람, 귀농귀촌 할 사람과 한 사람, 사업체나 공동체를 경영하는 사람, 직업을 바꿔보려는 사람 등 모두가 알아야 한다. 무슨 일을 하든지 창업이고 그 성과를 만드는 방법의 맥락은 같다.

넌 앞으로 어떻게 살아갈래? 어떤 꿈과 목표가 있니?

무슨 일을 하든지 시작의 프레임^틀을 잘못 짜고 서두르면 실패한다. 알고 디자인하고 철저히 준비하고, 작게 시작하고 천천히 가야 목표를 이룬다.

넌 내일 어떻게 살고 싶니?

살고 싶은 대로 계획해라.

자신감을 갖고 시간표를 짜라.

조금 더 자신감을 갖고 준비해라.

거기에 의욕, 신념, 소신, 끈기와 용기를 더해라.

그러면 너도 내일은 크게 성공할 수 있다.

창업을 하든, 취업을 하든, 귀농귀촌을 하든, 프리랜서를 하든, 종교 지도자를 하든, 정치를 하든, 무슨 일을 하든지 성공은 더 힘들어 졌고 수명 또한 짧아졌다. 원한다고 많이 가질 수 있고 버틸 수 있는 시대가 아니다. 특히 창업start up은 건강한 창업자 정신이 있어야 하고, 시장경제를 알아야 하고, 올바른 계획과 철저한 준비로 기초를 튼튼히 해야 한다.

창업자 중에는 1년도 안 돼 실패하는 창업자가 40%나 되고, 3년을 못 버티는 창업자가 절반이 넘고, 5년을 버티는 창업자는 30%이고, 10년을 버텨낸 창업자는 16%라는 최근의 통계다. 버틴 사람들 중 절반은 생활도 안 되는 수익을 올리다 아이템을 바꿔 다시 창업하고 위험에 빠진다. 창업은 소수의 사람들에게는 행복이 되지만 다수의 사람들에겐 고통이 된다.

창업시장경제를 알면 보통 사람들이 소자본 창업을 해도 한 달에 1,000~2,000만원도 벌 수 있다. 다만 시장을 바로 알고 제대로 창업해야 한다. 이 때 건강한 창업자 정신은 기본이고, 욕심내지 말아야 하고, 정직하고, 끈질기고, 홍익적이고, 힘든 시간을 거쳐 묵어야 한다.

똑같이 창업해도 어떤 사람은 돈과 사람을 얻고, 어떤 사람은 돈과 사람을 잃는다. 그렇다고 잃는 것이 두려워 도전하지 못하면 나이 들어 더 후회한다. 이루고자 하는 것은 가까이 있는 것이 아니라 힘겨운 과정 뒤에 있다. 성공은 강해야 만들어지고 강함은 고통과 시련을 이겨낼 때 만들어진다. 즉 어떻게 하느냐보다 어떤 사람이냐가 더 중요하다.

세상에는 도전해서 후회하는 사람보다 우물쭈물 망설이다 후회하는 사람이 훨씬 많다. 용기 있게 발길을 내딛고 풍파를 이겨내다 보면 길이 보이고 때가 온다. 소신을 잃지 않고 포기하지 않으면 목표한 것을 이룬다. 많은 실패를 해보고 터득한 아버지^{저자}의 깨달음이다.

자랑인지 흉인지 모르겠지만 아버지^{저자}는 한 푼의 부모재산도 받은 것 없고, 사회지식도 경험도 없고, 세상물정도 모르고, 누구의 도움도 없이 군을 제대한 후 학업을 포기하고 스물 여섯살의 이른 나이에 이상의 꿈을 품고 사회에 도전했다. 그렇게 열여덟번을 도전하며 살다보니 43년의 경력이 쌓였다. 열 한번은 1년을 못 버텼고, 세 번은 2년을 버텼고, 두 번은 4년을 버텼고,

두 번은 10년을 넘겼다. 어떤 창업은 희망이 없어 그만뒀고, 어떤 창업은 경영을 잘못해 실패했고, 성공이다 싶던 사업은 욕심내 확장해 벌리다 실패했다. 이루는 것은 힘들었고 무너지는 것은 순간이었다. 어떤 때는 수십억을 손해 봤고, 어떤 때는 수억, 수천만원을 손해 봤다. 살던 집까지 내줘야 할 때도 있었고 땟거리가 없을 정도로 철저하게 망해도 봤다. 추락은 힘들었지만 항상 꿈과 용기와 자신감이 있었기에 한 번도 포기하거나 좌절하지 않았다.

생각해 보면 잘될 때 경거망동했고 교만했고 욕심을 절제하지 못한 것이 실패원인이었다. 분수를 알고 겸손한 경영을 해야 함을 깨닫기까지는 많은 시간이 걸렸다. 짬짬이 수백 권의 경영도서를 읽었고, 일곱 권의 경영관련 책을 썼고, 18년째 특정분야 사람들을 지도하고 있다. 이 책은 43년 사업경험을 통하여 깨달은 삶의 지혜, 창업시장의 현실과 생존하는 방법의 가르침을 자녀들에게 남기고, 창업자, 은퇴자, 귀농귀촌을 하려는 사람들과 공유하고, 특히 사회에 첫발을 내딛는 청년창업자들에게 가르쳐 주고 싶은 마음에서 썼다.

미래는 더 변화무쌍하고 치열한 경쟁시대가 온다는 사실을 알고 배우고 도전하는 사람, 기업체, 공동체, 국가는 원하는 바를 이룰 것이다. 어디로 가는지 모르고 가면 힘들게 가다 결국 가고 싶지 않은 곳에 도달한다. 달라진 시대와 시장을 알고 가야 바로 갈 수 있다.

이 책은 창업의 술수와 기교를 가르치는 책이 아니다. 삶과 창업의 지혜, 올바른 창업기획과 전략, 창업사업성분석, 창업시장경제의 노하우를 가르친다. 독자들은 이 책을 통하여 창업시장을 알고 내일을 디자인하고, 위험한 창업을 피하고, 아이디어를 얻고, 역량을 개발하고, 사회에 첫발을 내딛는 지식과 지혜를 배울 수 있다. 실패한 창업자들에게는 아픔과 고통을 치료하고 잠재능력을 찾아 다시 일어설 수 있는 용기를 갖게 한다.

이 책은 독자들에게 무엇이 중요한지를 알게 하고 생각의 변화를 갖게 한다. 받아들이는 마음가짐에 따라 수천 수억 그 이상의 가치를 얻을 수 있다. 반복해 읽으면 가치는 배가 된다. 살아가는 지혜를 알려주는 사람을 만나는 것은 운이 좋은 거다. 독자의 능력에 저자의 지혜를 더하면 더 큰 경쟁력을 가질 수 있다. 이 책이 좋은 인연이 되었다는 것만으로 끝내지 말고 실천을 통해 꿈을 이루고 성공을 만날 수 있길 바란다.

한평생을 사업에만 몰두해 살다보니 제대로 보살펴주지 못한 가족들에게 미안한 마음 사뭇크다. 아내, 딸, 아들, 사위, 며느리 그리고 해맑은 손자손녀들에게 이 책을 남긴다.

김동주 창업디자인연구소

차 례

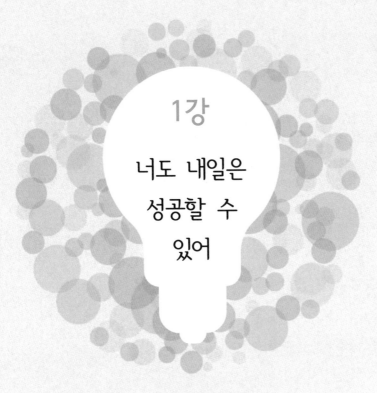

1강

너도 내일은 성공할 수 있어

1강에서는 건강한 창업자 정신, 꿈을 현실로 바꾸는 법,
창업으로 성공하는 방법을 학습한다.

창업의 관건은
건강한 창업자 정신

창업(start up)을 하든, 취업을 하든, 무엇을 하든지 중요한 것은 지식, 정보, 기술이 아니고 건강한 정신이다. 건강한 정신이 없으면 창업도 성공할 수 없다. 무엇을 하든지 성공의 적은 용기가 없고 소극적이고 우유부단하고 꿈과 목표가 없고 게으르고 이기적이고 부정적인 마인드다.

사업을 하든

장사를 하든

취업을 하든

귀농귀촌을 하든

프리랜서를 하든

의사, 약사, 교사, 판사, 목사, 정치를 하든, 모두 창업 start up
이고 창업의 관건은 건강한 창업자 정신이다. 건강한 창업자 정
신은 모든 사람을 이롭게 하는 홍익정신이 바탕이 되어야 한다.
사람이 사람답게 행동하지 않고 이기적이면 물질적 부자도 마음
의 부자도 될 수 없다. 무엇을 하든지 어떻게 하느냐보다 어떤
사람이냐가 먼저고 중요하다.

많은 사람들에게서 볼 수 있듯 창업은 쉬운 것은 아니지만
어려운 것도 아니다. 사업가적 마인드가 있다면 창업은 도전할
가치가 충분하다. 창업을 하든, 취업을 하든 중요한 것은 건강한
정신이다. 창업은 자본과 능력이 부족해도 건강한 창업자 정신
이 있으면 성공할 수 있다. "너도 내일은 크게 성공할 수 있다."

건강한 창업자 정신의 기본은 용기, 열정, 도전정신이다. 도
전정신은 전문성, 지식, 정보, 기술보다 중요하다. 또한 건강한 창

업자 정신은 홍익정신이 바탕이다. 홍익정신은 창업이나 취업, 그 밖에 무슨 일을 하든지 기본적으로 바탕이 되어야 하는 정신이다.

건강한 창업자 정신의 핵심은 고객이 만족할만한 가치를 만들어 서비스하는 것이다. 물론 창업은 창업자에게도 좋은 성과^가치창조가 있어야 한다. 자신에게 좋은 성과가 없는 창업은 어리석은 행동에 불과하다. 하지만 나보다는 고객의 행복을 먼저 중요하게 생각해야 내 행복이 만들어진다. 이처럼 창업의 관건은 건강한 창업자 정신이다.

건강한 창업자 정신에는 용기, 야망, 열정, 노력, 지략, 긍정, 의지, 신념, 학습, 리더십 등이 있다. 자원과 능력이 부족해도 건강한 창업자 정신이 있으면 성공할 수 있고, 자원이 넉넉해도 게으르고 이기적이고 부정적이면 성공할 수 없다. 야망과 열정은 중요하지만 과해도 나쁜 것으로, 제어하고 절제하지 못하면 실패한다.

무엇을 해야 할지 고민하는 그 이상으로 무엇을 하지 말아야 할지에 대한 고민도 건강한 창업자 정신이다. 성공창업은 돈이나 아이디어만으로 되는 것이 아니다. 아이디어를 알아보는 능력이 있어야 하고, 아이디어를 현실적이고 실용성 있는 가치로 만들어내는 기술과 지혜가 있어야 하고 시장경제생산판매소비 활동를 알아야 한다.

건강한 창업자 정신은

- 무슨 창업을 하든지 고객을 위한 서비스 정신이다.
- 위험한 것에서 기회를 찾아내는 도전정신이다.
- 외면하는 것에서 가치를 만들어내는 창조정신이다.
- 남들이 못 본 것에서 기회를 찾는 역발상 정신이다.
- 경영능력과 강한 경쟁력을 갖추는 경영자 정신이다.
- 어려움을 극복하고 희망을 만드는 의지의 정신이다.
- 가치 있는 일이면 위험을 감수하는 용기의 정신이다.
- 더 많은 사람을 이롭고 행복하게 하는 홍익정신이다.
- 벼랑 끝에서도 멈추지 않는 신념의 프로 정신이다.
- 성공할 수 있다는 자신감과 믿음의 정신이다.

성공창업을 하려면

- 프로정신, 바른 계획, 철저한 준비가 있어야 한다.
- 가진 패와 환경에 맞게 창업방법이 달라야 한다.
- 창업규모를 자신의 창업경영능력에 맞춰야 한다.
- 능력에 있어도 작게 시작하고 천천히 가야 한다.
- 실용적이고 미래지향적이고 홍익적이어야 한다.
- 프로 정신과 경쟁우위의 경쟁력이 있어야 한다.
- 요령, 권모술수가 아닌 고객지향적이어야 한다.
- 싸우지 않고 이기는 전략적 창업을 해야 한다.

- 기존 창업자와 다른 독특한 창업을 해야 한다.
- 선택과 집중의 창조적 모방창업을 해야 한다.

창업자들이 점점 더 많아지는 오늘날의 시장구조에서는 누가 실패해도 절반 이상이 실패할 수밖에 없다. 어설픈 준비로 덤비는 것은 창업실패원인이지만 근본적인 원인은 창업자 정신이 틀렸기 때문이다. 성공창업의 관건은 창업시장경제를 학습하고 올바른 창업계획과 철저한 준비로 자신감을 갖고 끈질기게 노력하는 건강한 창업자 정신을 갖는 것이다.

창업은 비바람을 맞고, 땅의 기운을 받고, 달빛과 이슬을 머금고, 추위를 견뎌내고, 폭염과 태풍을 이겨내고 살아남은 초목들만 꽃을 피우고 열매 맺는 어긋남이 없는 자연의 이치와 같다. 곧 끈기 있는 강한 사람들만 역경 속에서 싹트고 자란다. 꽃이 피고 열매 맺어 익어가는 시간을 채우지 못하면 쭉정이가 되듯, 요령, 기교, 권모술수, 화술로 과정을 건너뛰어 한탕을 노리는 사람은 성공하지 못한다. 능력과 자본이 많아도 건강한 창업자 정신이 없으면 멀리가지 못하고 실패한다. 오늘날의 창업은 어지간한 능력과 편법이 먹혔던 어제의 창업방법으로는 통하지 않는다. 과거의 방법은 참고만 해야 하고 자만하지 말아야 한다.

돌다리든 나무다리든 일단 건너라. 아무 일도 하지 않고 좋은 때를 기다리는 사람보다 무엇이고 해보다 실패한 사람의 미래가 더 밝다. 언어맞더라도 밀고 나가는 용기는 건강한 창업자 정신이다. 성공한 사람들은 조건과 환경이 좋았던 사람들이 아니다. 사고방식과 열정과 도전의식이 남달랐던 사람들이다. 그들이 성공할 수 있었던 바탕에는 건강한 창업자 정신과 힘들더라도 이겨내고자 하는 신념과 의지가 있었기 때문이다.

어려운 과정을 이겨내는 데는 가족이 함께하면 좋다. 변화무쌍한 오늘날에는 자신의 능력만으로는 부족하다. 힘은 합칠수록 유리하다. 창업에서 중요한 것은 빨리 많은 것을 가지려는 방법을 아는 것이 아니라, 많은 고객과 좋은 관계를 만들어내는 방법을 아는 것이다. 고객을 행복하게 만드는 건강한 창업자 정신이 더 중요한 것이다.

- 창업은 젊었을 때 큰 꿈을 갖고 도전하는 것이 좋다.
- 성공한 전문가의 꿈은 어릴 적부터 갖는 것이 좋다.
- 큰 꿈을 갖되 작게 시작해 천천히 가는 것이 좋다.
- 어떻게 하느냐보다 어떤 사람이냐가 더 중요하다.

창업이란 잘 닦인 길을 가는 것이 아니라 없는 길을 만들어 가는 여정이다. 창업한다는 것은 모르는 시장에서 치열한 경쟁을 시작하고 위험을 감수하는 과정을 거쳐야 한다. 크게 성공한 사람들은 누구나 죽음의 계곡에서 포기하지 않고 이겨낸 신념의 사람들이다.

아버지^{저자}는 돌다리를 두드리는 안전위주의 사람보다 큰 그림을 그리고 열정적으로 도전하는 사람의 미래가 밝다고 생각한다. 따라서 창업은 젊었을 때 하는 것이 유리하다. 적극적이되 침착하게 도전하는 건강한 창업자 정신이 중요하다. 성공창업은 프로정신, 올바른 계획과 철저한 준비가 중요하다. 바른 계획과 철저한 준비 없이 덤비는 창업자는 능력과 경험이 많아도 실패한다. 하지만 창업은 시련이나 어려움보다 희망이 더 크다.

산 씨도 잘못 뿌리면 죽은 씨나 다름없다

능력과 경험이 많아도 성공은 쉽지 않다. 산 씨도 잘못 뿌리면 죽은 씨나 다름없다. 능력과 경험이 많아도 함부로 덤비지 말라. 오늘날 창업실패율이 높은 것은 치열한 경쟁이 원인이지만, 춥고 배고프게 살아본 헝그리 정신이 없었기 때문이고, 쉽고 편하게만 살아왔기 때문이고, 목표설정을 잘못했기 때문이고, 조금 안다고 교만하기 때문이고, 제대로 알지 못했기 때문이고, 혁신하지 않았기 때문이고, 욕심을 다스리지 못했기 때문이다. 무슨 창업을 하든지 충분한 학습과 경험을 통하여 시장경제^{생산판매} ^{소비 활동}를 이해해야 한다. 그러면 희망이 보이고 기회가 생긴다. 오늘날은 농사를 지어도 학습하고 경험하고 연구하고 혁신하지 않으면 성공하기 어렵다. 무슨 일을 하든지 파워풀한 경쟁자들을 피할 수 없기 때문이다.

창업자 중에는 세 부류의 사람이 있다.

한 부류는 생각하고 꿈만 꾸다 마는 사람으로 가장 많고

또 한 부류는 꿈을 계획으로 옮기는 사람으로 조금 많고

또 다른 한 부류는 꿈을 계획으로 옮기되 바른 계획과 철저한 준비로 신념을 갖고 이룰 때까지 도전하는 사람으로 매우 적다.

급변하는 시장세상을 아는 프로가 고수다. 고수는 함부로 창업하지 않는다. 고수는 이룰 수 있겠는가를 한 번 더 분석평가해 보고 창업계획을 세운다. 소규모 창업자들은 창업초기부터 이익이 생겨야 한다. 꿈은 크게 가질수록 좋지만 작게 시작해 천천히 가는 것이 바른 창업방법이다. 전략적 창업계획은 창업자원이고, 철저한 준비는 좋은 창업자원으로 이는 건강한 창업자 정신에서 나온다.

창업할 아이템을 찾으면 사업성평가를 반드시 한 후에 창업해라. 사업성평가를 할 줄 모른다면 창업전문가에게 코칭을 받는 것도 철저한 준비고 건강한 창업자 정신이다. 실업자를 면하려는 대안으로 창업하면 실패한다. 건강한 창업자 정신은 야망에 불을 지피는 긍정의 사고방식과 도전하는 행동이지만 때론 제어하고 절제하는 자세도 건강한 창업자 정신이다. 창업은 현실성, 사업성, 실용성, 홍익성을 간과하면 실패한다.

작게 시작하고
천천히 가야 크게 된다

창업은 작게 시작하고 천천히 가야 크게 성공하고 사람은 힘들게 커야 큰 사람이 된다. 창업이든 인생살이든 힘들이지 않고 쉽게 이루면 큰 부자가 될 수 없고 큰 사람이 될 수 없다. 무슨 일을 하든지 크게 성공한 사람은 작게 시작해 천천히 간 사람이다.

무엇을 하든지 가능하면 네 힘으로 시작하고 작게 시작해라. 전적으로 남의 도움으로 쉽게 시작하고 빠르게 성장하면 오래가지 못하고 크게 되지 못한다. 세상만사 모두가 그렇다. 자원과 능력이 많든 적든, 창업은 작게 시작하고 시장에서 다양한 경험을 통하여 깨닫고 적응해 갈 때 튼튼한 뿌리를 내리고 건강하게 성장해 큰 결실을 맺는다.

창업은 업종에 따라 1년~3년의 진입기를 거쳐 3년~10년의 성장기를 지나 성숙기에 접어든다. 성숙기에 들어서야 생존할 안정권에 들어간다. 모든 창업은 진입기와 성장기를 어떻게 잘 넘기느냐에 따라 생존과 죽음을 맞는다. 창업의 진입기를 잘 넘기려면 건강한 창업자 정신이 중요하다.

무슨 창업이든지 처음부터 잘될 것을 기대하면 오산이다. 돈이란 쉽게 벌 수도 없지만 힘들이지 않고 쉽게 벌면 얼마 못가 실패한다. 모든 성공은 씨 뿌리는 과정준비, 싹트는 과정진입, 뿌리내리고 크는 과정성장을 거쳐 비바람을 이겨내야 실한 열매성과를 맺는다.

- 환경이 좋은 사람만 부자가 되는 사회는 아니다.
- 환경이 나빠도 안 되겠다, 못하겠다는 편견은 깨라.
- 자원과 능력이 부족해도 건강한 정신이 있어야 한다.
- 경험과 경력이 부족해도 용기와 열정이 있어야 한다.

창업은 생각이 틀렸고 방법이 틀렸기 때문에 실패하는 것이다. 리스크가 없는 창업은 이익이 적고 비전이 없다. 수익성과 비전성이 좋으면 리스크가 따른다. 리스크가 두려워 손에 쥔 카드를 들고만 있다면 돈 벌 기회는 잡을 수 없다. 리스크를 무시해도 안 되지만 모든 리스크를 완벽하게 피하고 성공하는 방법은 없다. 그러므로 사람들은 위험이 있는 곳에 기회가 있다고 말들 한다. 창업의 좋은 성과를 내려면 어느 정도의 작은 리스크는 감수해야 한다. 리스크를 완벽하게 피한 후에 도전해 보겠다는 사람들의 삶은 희망이 없다. 작은 리스크를 감수하는 사람이 희망이 있는 사람이다. 그래서 작게 시작해 천천히 가야하고 어렵더라도 참고 극복해야 한다. 그것이 목표한 것을 이루는 사람들의 건강한 창업자 정신이다.

인생을 실패한 사람들은 환경과 여건을 탓하거나 부정하고, 매사에 우물쭈물 망설이고 소극적이었기 때문이다. 가진 것과 아는 것이 적어도 창대한 꿈과 목표를 갖고 열정을 멈추지 않고 올바른 과정의 길로 소신을 갖고 밀고 나가면 꿈은 이루어진다. 따라서 창업은 작게 시작하고 천천히 키워가는 것이 창업의 정석이다.

환경만 탓하지 마라

　　미국의 블룸버그^{금융 경제전문지, 본사 뉴욕}에 따르면 2015년 12월 30일 기준 세계의 부호 상위 400명 중 65%인 259명은 자수성가했고, 35%인 141명은 상속자로 조사됐다. 400명 가운데 든 한국 부호는 5명으로 모두 상속자다. 반면 미국, 중국, 일본 등은 반대였다. 미국은 세계 부호 랭킹 400위 안에 든 125명 중 71% 89명이 자수성가했다. 중국은 29명 가운데 97%인 28명, 일본은 5명, 러시아 18명은 모두, 인도는 14명 중 64%인 9명이 자수성가한 부호다. 마이크로소프트의 빌 게이츠, 페이스북의 마크 저커버그, 구글의 래리 페이지 등 세계 10대 부자들은 모두 자수성가했다.

　　환경을 탓해 성공하고 부자가 된 사람은 없어도 환경을 무시하고 큰 부자가 된 사람들은 많다. 크게 성공하고 싶다면 꿈, 열정, 신념, 자신감, 소신을 갖고 배움과 경험을 즐겨라. 자원, 재능, 전문성, 기술은 크게 중요하지 않다. 부자와 성공의 근원은 바른 생각, 건강한 정신, 올바른 사고방식에 있다. 금수저니, 흙수저니, 환경만 탓하지 말고 무엇을 할 것이고, 얼마를 벌 것이고, 어떤 인생을 살 것인가의 꿈과 희망을 디자인하고 목표로 옮겨라. 그리고 거기에 열정과 끈기를 더해라. 어떻게 하느냐보다 어떤 사람이냐가 더 중요하다.

우리 모두는 무엇인가를 팔며 살아간다.

누구든지 목적한 바를 이루기 위해 뭔가를 판다.

사람들은 서비스를 팔고, 기술을 팔고, 경영능력을 팔고, 지식과 교양을 팔고, 지혜와 행복을 팔고, 희망과 복지를 팔고, 건강을 팔고, 종교적 신앙을 판다.

장사하는 사람은 상품을 팔고

기술자는 기술과 서비스를 팔고

교사는 지식과 교양을 팔고

의사와 약사는 건강을 팔고

경영자는 경영능력을 팔고

정치인은 희망과 복지를 팔고

종교 지도자는 종교적 신앙을 팔고

엄마와 아버지는 지혜와 행복을 판다.

생각해 보면 가치 있는 것은 뭐든 팔고 사는 시대다.

제대로 팔줄 아는 사람은 내일을 걱정하지 않는다.

좋은 상품이 경쟁력이 되는 시대는 지났다. 상품의 품질이 대동소이해졌기 때문이다. 이제는 마케팅과 세일즈가 경쟁력이 되는 시대다. 잘 팔리는 상품은 모두 마케팅과 세일즈의 덕을 본 것이다. 따라서 오늘날은 마케팅과 세일즈로 통하는 시대다.

힘들고 어려운 과정을 거쳐야 크게 된다

- 성공은 시련의 눈물을 먹어야 피는 꽃이다.
- 성공은 강함 속에 있고 강함은 아픔 속에 있다.
- 포기하지 않는 용기만 있으면 언젠간 크게 된다.
- 위험하다, 못하겠다, 어렵겠다는 마음은 버려라.
- 부정적인 마인드를 긍정적인 마인드로 바꿔라.
- 야망이 있는 사람은 강을 만나면 배를 만든다.
- 긍정적이고 열정적으로 살면 후회하지 않는다.
- 잔잔한 바다는 노련한 뱃사공을 만들지 못한다.
- 성공은 운명과 환경이 아닌 고통이 만든다.
- 오늘 힘들게 도전하지 않으면 내일에 희망은 없다.

창업은 긍정적면과 부정적면 둘 다를 살펴봐야 하지만 항상 긍정적면을 먼저 살펴봐야 한다. 잘할 수 있고 잘될 수 있는 긍정적면을 먼저 살펴야 한다. 안되겠다, 못하겠다고 하며 부정적면을 먼저 살피면 희망을 볼 수 없다. 위험한 것을 보지 못하는 것도 큰 실수지만 긍정의 면을 먼저 보고 부정의 면을 나중에 보는 것이 순서다. 그래야 긍정의 작은 싹을 틔워 성공을 만들어 낸다. 다시 말해 긍정의 싹을 틔워 성장시키기 위해서 부정의 면을 살펴보는 것이다. 즉 긍정이 주가 되고 부정이 부가 되어야 한다. 크게 성공한 사람들은 긍정의 작은 싹을 부정의 도움으로 키워냈다. 인생을 성공하는 사람들은 긍정인 것을 먼저 살피고 인생을 실패하는 사람들은 부정인 것을 먼저 살핀다.

자녀들에게 명품인생을 살게 하고 싶다면

"너도 네 자녀를 훌륭한 사람으로 키워 명품인생을 살게 하고 싶으면 네 자녀에게 큰 꿈과 큰 희망을 갖게 하고 자립하는 방법을 가르치고 성공의 길로 인도해라. 명품인생으로 사는 방법을 가르쳐야 명품인생을 살 수 있다. 뭔가 하라고 강요하거나 종용하지 말고 계획을 세워주어 스스로 잘할 수 있도록 방법을 가르치고, 의욕적인 자신감을 갖게 하고 어떠한 사람으로 성장해 갈 것인지 목표를 갖게 하고, 희망을 심어주고 날개를 달아줘라. 성공은 꿈과 목표가 있어야 하고 소신과 희망이 있어야 만들어지는 거다. 아이들이 자라 성공의 길로 나가려면 배움과 친해져야 하고 좋은 꿈과 목표를 품어야 하고 자라나는 과정에서 좋은 것을 보고 배워야 한다. 따라서 부모의 긍정적이고 열정적이고 학습적인 생활태도를 보여줘야 한다. 명품인생을 살도록 이끌어야 한다."

우리가 사는 사회는 항상 소수의 성공하는 사람과 다수의 실패하는 사람들로 나누어진다. 다수의 사람이 성공하고 소수의 사람이 실패하는 사회는 없다. 사회를 통솔하고 지배하고 누리는 것은 항상 소수의 사람들이다. 그 사람들은 선천적인 종자 DNA가 어느 정도 바탕이 되지만 결과적으로는 후천적 환경영향을 더 많이 받는다. 사람들은 각자 자신의 마음속에 가지고 있는 용기의 크기, 열정의 크기, 자신감의 크기, 소신의 크기만큼 성공한다.

　　살아보니
　　사람들은 100만큼의 능력을 가지고 태어나
　　어떤 사람은 20만큼을 계발 활용하고 살고
　　어떤 사람은 40만큼을 계발 활용하고 살고
　　어떤 사람은 50만큼을 계발 활용하고 살고
　　어떤 사람은 70만큼을 계발 활용하고 살고
　　대부분은 50도 안 되게 계발 활용하고 산다.

　　하지만 청소년 시절에 어떤 가르침을 받고 체험하느냐에 따라 후천적으로 더 발전하고 성장한다. 청소년시절 어떤 환경에서 무엇을 어떻게 배우고 경험하느냐에 따라 계발하고 활용하는 크기가 달라진다. 하지만 이는 청소년들이 스스로 알아서 해결하기에는 어려운 문제다. 부모가 자녀들을 리드하고 가르치고 디딤이 돼줘야 한다. 인생성공에는 학교교육보다 가정교육이 중요하다는 아버지^{저자}의 생각이다. 가능하면 시장경제^{세상}의 기본은 가정에서 가르쳐야 한다. 오늘날의 학교교육은 세상^{시장경제}을 가르치지 못하고 있다. 이는 아버지^{저자}가 깊은 의미를 가지고 하는 이야기다.

　　잘 생각해 봐라.
　　취업을 잘하려면 가치 있는 사람이 되는 것이 중요하고,

창업을 잘하려면 가치 있는 창업을 하는 것이 중요하다.

남보다 쓸모가 많아야 취업을 잘할 수 있고 경쟁 창업자보다 가치가 많아야 창업을 성공할 수 있다. 따라서 남보다 쓸모가 많은 사람, 가치가 많은 창업으로 인정받는 것이 출세하는 방법이고 성공하는 전략이다.

꿈을 현실로 바꾸는 방법

　　넌 어떤 꿈과 목표를 가지고 있니? 야망의 큰 꿈을 가져라. 꿈을 계획으로 옮기면 목표가 되고, 그 목표에 열정과 신념과 의지 그리고 자신감과 소신을 더하면 현실이 된다. 크게 성공한 사람들은 꿈을 현실로 바꾸는 방법을 알고 용기 있게 실천한 사람들이다.

천재는 1퍼센트의 영감과 99퍼센트의 노력으로 만들어진다는 토머스 에디슨의 말은 모두들 잘 아는 이야기다. 꿈을 계획하면 목표가 되고 목표에 열정, 신념, 의지, 자신감, 소신을 더하면 현실이 된다는 뜻이다. 인류역사상 성공한 사람들의 90% 이상은 환경과 능력은 부족하였지만 용기와 신념과 자신감을 갖고 소신 있게 노력한 사람이라고 한다.

　　야망, 멋진 꿈을 가져라. 역사 속을 살펴보면 어릴 적부터 큰 꿈을 꾸고 그 꿈을 향해 신념과 자신감을 갖고 용기 있게 도전한 사람들이 성공했다. 하지만 꿈과 목표 없이 살아가는 사람, 막연하게 꿈만 꾸는 사람들은 실패한 인생을 산다. 꿈에 계획과 목표와 열정과 신념과 자신감과 소신이 더해지면 현실로 바뀐다. 미래에 어떤 사람이 될 것인지 꿈을 목표로 정하고 거기에 용기, 자신감, 소신을 더해라. 그러면 내일에 크게 성공한다.

　　해리 포터를 쓴 영국의 작가 조앤 K 롤링은 빈민촌의 가난한 이혼녀이었지만 젊은 시절의 꿈을 포기하지 않고 목표로 옮겼다. 또한 자신의 강점을 살려 집중했기 때문에 세계적으로 유명한 작가가 되었고 작가로서 많은 돈을 번 부자가 되었다. 자신의 능력을 저평가하지 않고 자신감을 갖고 소신대로 노력했던 것이다.

- 용기 있게 살든가 먹기 위해 살든가 선택해라.
- 환경만을 탓하면 미래에 네 몫의 행복은 없다.
- 꿈을 계획하고 목표로 바꾸면 성공이 만들어진다.
- 목표가 서면 목표에 용기를 더해 시간표를 만들라.
- 시간표를 만들었다면 자신감을 갖고 실행해라.
- 시작했으면 작은 틀에 가두지 말고 큰 뜻을 펴라.
- 일단 뿌려라. 그리고 싹이 트면 열심히 가꿔라.

꿈을 현실로 바꾸는 비결은 일단 뿌리고 자신감과 신념과 소신을 끝까지 펼쳐가는 것이다. 꿈이 있지만 가족이나 부모의 기대를 따르기 위해 꿈을 펼치지 못하고 접고 사는 사람들도 있다. 꿈을 접거나 뒤로 미루고 사는 것은 큰 잘못이다. 소신 있는 자세로 후회 없는 도전을 하는 것이 가족이나 부모를 위하고 돕는 일이다.

꿈은 어제의 반성이고
꿈은 오늘의 도전이고
꿈은 내일의 목표이다.
꿈은 크게 가질수록 좋다.

창업초기부터 돈을 잘 벌 것이라는 생각은 하지 마라. 창업 초기에는 힘들고 어려울 것이라고 생각하고 극복할 방법을 함께 생각해야 한다. 몇 번의 실수나 실패^{어려움}를 넘어야 시장을 이해하고 바른 계획과 준비를 할 수 있는 능력이 생긴다. 실수나 실패를 하더라도 실망하지 마라. 실수나 실패가 생기면 성공이 가까워지고 있는 것이다. 실수나 실패는 부끄러운 것이 아니라 자랑스러운 것이다. 실패를 딛고 일어나 다시 도전하는 것은 성공하는 사람들이 반드시 거치는 과정이다.

가장 좋은 차를 만들기 위해 가장 나쁜 길을 달린다. 자동차 광고카피가 생각난다. 많은 어려움^{실패}을 겪어봐야 큰 사람이 될 수 있다는 뜻을 가진 광고다.

성공창업은 아이디어나 기술로 만들어지는 것이 아니다. 아이디어, 기술, 자원이 없어도 꿈을 갖고 목표를 정하고 집중하여 문제를 하나씩 풀어갈 때 만들어진다. 오늘날의 기술발달은 창업자들에게 점점 더 많은 준비와 인내를 요구하고 있다. 돈을 많이 버는 사람은 더 많은 돈을 벌 수 있는 기회가 생기고, 가난한 사람은 더 가난해지는 것이 오늘날의 시장경제구조다. 기술발달은 고객의 행동과 니즈를 더 다양하고 복잡하게 만들어 놓았다.

- 오늘날에는 누가 실패해도 절반 이상이 실패한다.
- 꿈은 시대변화를 알고 준비하는 사람들이 이룬다.
- 창업시장경제와 경쟁하는 방법을 모르면 실패한다.
- 치열한 시장에서는 용기 있는 사람이 성공한다.
- 크게 성공한 사람은 실패를 경험한 사람이다.

야망의 꿈이 있다면 창업시장경제를 학습하고 꿈을 어떻게 현실로 만들것인지 계획을 짜라. 치열하게 경쟁하고 힘들게 살아보지 못했을 것이니 처음부터 좋은 계획을 세우기 어려울 것이다. 부족한 계획이라도 세우고 올바른 마인드로 부딪치면 꿈은 현실로 바뀐다.

- 첫 번째는 창업시장경제 학습계획을 세우고
- 두 번째는 창업시장의 분석계획을 세우고
- 세 번째는 바른 창업의 준비계획을 세우고
- 네 번째는 열정과 소신으로 실행계획을 세워라.

하지만 계획하고 실행하는 것만으로 되는 것이 아니다. 계획보다 더 많은 노력과 인내가 더해져야 한다. 예를 들면, 다이어트를 하려고 하루 줄넘기 1,000번을 계획하고 매일 1,000번의 줄넘기를 하는 사람은 다이어트를 성공하지 못한다. 계획보다 추가된 노력과 각오가 필요하다. 계획보다 줄넘기 200번, 300번을 더 넘고 식단을 조절하는 것과 같은 추가 노력이 있어야 다이어트를 성공할 수 있다. 다이어트나 금연은 창업보다 쉽다. 따라서 다이어트나 금연을 성공하지 못한 사람은 창업하지 마라. 그만큼 창업이 더 많은 노력과 각오가 필요하다는 뜻이다. 다이어트를 하든, 금연을 하든, 창업을 하든, 성공은 계획만큼 노력해서 되는 것이 아니라 계획보다 더 많은 노력과 각오가 더해져야 한다.

다시 말하지만 꿈을 목표로 옮기고 열정과 노력이 더해질 때 꿈은 현실이 된다. 고수들은 과녁^{목표}을 향해 더 많은 화살을 쏜 사람들이다. 대한민국에서 오늘날 고수가 되려면 어제의 고수들보다 더 많은 화살을 쏘는 노력을 해야 한다. 다이어트나, 금연이나, 뭔가를 해 보고 싶은 것이 있다면 한번 도전해 봐라. 어느 것이든지 도전해 실패하면 창업도 고려해라.

창업하기로 결정했다면 달라진 창업시장경제^{생산판매소비 활동}를 알고 경험하고 조사하고 분석하고 철저하게 준비해라. 경쟁자를 비슷하게 따라하면 경쟁자의 벽을 넘을 수 없다. 기존 창업자보다 더 잘하거나 독특해야 성공할 수 있다. 창업에서 중요한 것은 학습과 열정과 자신감이고 학습은 시간과 비용을 절약하는 수단이다. 시간은 성과를 만들어주고 학습은 시간을 벌어주는 중요한 요소다. 따라서 배움의 열정이 없는 사람은 시간을 잃고 돈과 행복을 잃는다.

- 일 년의 소중함을 알고 싶으면 입학시험에 떨어진 학생에게 물어보고
- 한 달의 소중함을 알고 싶으면 미숙아를 난 산모에게 물어보고
- 한 주의 소중함을 알고 싶으면 주간지 편집장에게 물어보고
- 하루의 소중함을 알고 싶으면 가장인 하루 노동자에게 물어보고
- 한 시간 소중함을 알고 싶으면 애인을 기다리는 사람에게 물어보고
- 일 분의 소중함을 알고 싶으면 기차를 놓친 사람에게 물어보고
- 일 초의 소중함을 알고 싶으면 간발 차이로 교통사고를 모면한 사람에게 물어보고
- 백 분의 일 초의 소중함을 알고 싶으면 100미터 달리기 선수에게 물어보라.

꿈을 현실로 바꾸는 솔루션

- 죽은 꿈을 꾸지 말고 산 꿈을 꿔라.
- 살아 있는 꿈에 희망과 자신감을 더해라.
- 꿈을 계획하고 목표로 옮겨 인생을 계획해라.

- 철저하게 준비하고 확실하게 과정을 밟아가라.
- 실행목표를 세웠으면 자신감과 신념을 더해라.
- 안 되는 이유를 찾지 말고 되는 방법을 찾아라.
- 늦어지더라도 거쳐야 할 과정은 반드시 거쳐라.
- 빨리 많이 가지려고 속이고 변칙하지 말라.
- 과거방법만 고수하지 말고 창조적 혁신을 해라.
- 성공하겠다는 소신을 갖고 포기하지 말라.

사람들은 누구나 꿈을 꾸며 산다. 그 꿈이 창업이든, 취업이든, 전문가든, 무엇이든 이루는 방법은 같다. 대부분의 사람들은 실패를 경험한 후에 꿈을 이뤘다. 성공할 수 있는 자신감에서 실패할 가능성을 빼면 남는 것이 있는지 따져보고 남는 것이 조금이라도 있으면 망설이지 말고 도전해라.

막연하고 허황된 죽은 꿈을 꾸면 실패하고 후회한다. 배우고 경험하고 깨닫고 희망이 있는 산 꿈을 꿔라. 꿈을 이루는 것이 쉬운 것은 아니지만 이겨내지 못할 것은 없다. 막연한 꿈은 죽은 꿈으로, 꿈이 꿈으로 끝나지만, 배움과 경험을 통해서 실천하는 산 꿈을 꾸면 그 꿈은 현실이 된다.

부자로 살래, 가난하게 살래

꿈도 남들과 다르게 독특한 꿈을 꿔야 부자로 살고, 흔하고 평범한 꿈을 꾸면 가난하게 살게 된다. 부자는 운명이 결정하는 것이 아니라 꿈의 질을 높이고 꿈을 현실로 바꾸는 사고방식이 만든다. 좋은 꿈은 부자를 잉태하고 있는 살아 있는 씨앗이다. 이룰 수 있는 산 꿈을 꾸고 거기에 계획과 목표와 열정과 신념과 자신감과 소신을 더해라. 시대변화를 제대로 알고 부자를 계획하고 용기 있게 시작하면 부자로 살 수 있다.

- 부자가 되려면 부자를 꿈꾸고 계획해라.
- 희망이 조금이라도 있으면 도전을 시작해라.
- 부자로 살기를 원하면 네 자신과 싸워서 이겨라.
- 성공을 원하면 게임의 법칙을 바꿔라.
- 경쟁자를 이기려면 과거의 방법을 바꿔라.
- 적극적인 열정으로 큰 부자를 계획해라.

배우고 경험하지 않으면 알 수 없고
알지 못하면 할 수 없고
할 수 없으면 가질 수 없다.

크게 성공한 사람들은 더 많은 학습과 더 많은 경험을 통하여 과거와 현재를 알고 미래의 시장을 내다보고 기회를 만든 사람들이다. 무엇을 하든 학습보다 경험이 훨씬 더 중요한 것은 사실이다. 하지만 학습이 없으면 먼 길로 돌아가야 하는 어려움이 따른다. 학습은 10년, 20년에 걸쳐 깨닫고 터득하게 되는 것을 하루, 한 달에 배울 수 있는 방법이다. 학습은 지식과 지혜를 배우기 위함이지만 내면의 내가 어떤 사람인지를 알고, 내가 어떤 소질과 능력이 있는지를 찾아내고, 게으른지, 부족한지, 알고 덤비는지, 모르고 덤비는지를 생각하고, 사고를 바꾸고 능력을 기르는 자기계발의 프로세스다.

돈만 투자해서 되는 세상이 아니다.

4

첫발을 어디에 넣느냐의 중요함

섹션포인트

　　살아보면 첫발을 어디에 넣느냐가 얼마나 중요한지 알게 된다. 어떤 사람은 생각도 없이 발을 넣은 일이 잘돼 성공한 인생을 살고, 어떤 사람은 잘못돼 고달픈 인생을 산다. 창업, 취업, 알바, 무엇을 하든 첫발을 넣는 일은 중요하다. 하지만 많은 사람들이 이를 간과함으로써 어려운 삶을 산다. 알려주는 사람이 없고, 경험한바가 없기 때문이다.

살다보면 어떤 일에 우연히 발을 넣은 것으로 인해 인생이 좋아지기도 하고 나빠지기도 한다. 좋아지는 경우보다 나빠지는 경우가 많다. 우리는 대부분 어디에 첫발을 넣고, 어떤 일을 하느냐에 대한 중요성을 많이 살아본 뒤에 알게 된다.

앞으로 무엇을 해야 할지
왜 그것을 해야 하는지
왜 그것은 하면 안 되는지

그것을 함으로써 미래 10년, 20년 또는 그 이후 어떤 사람으로 살게 될지, 지금 이 일에 발을 넣으면 어떻게 달라질지, 잘하는 건지 못하는 건지, 발을 넣는 지금의 그 일이 인생을 바꾸는 중요한 문제가 된다. 월급이나 일당을 얼마나 받는가도 중요하지만 그 이상으로 그 일에서 무엇을 배우고 그 일로 인하여 내 인생이 어떻게 바뀔지 잘 생각해 봐야 한다. 백지를 준비해 생각나는 대로 모두 꼼꼼하게 적어봐라. 그리고 시간을 두고 신중하게 생각해라. 지금 그 일에 발을 잘 넣는 건지 잘못 넣는 건지, 좋은 일인지 나쁜 일인지, 나의 장래가 그 일로 인하여 어떻게 바뀔지를 깊게 생각해 보고 결정해라. 후회가 없도록 해라.

특히 창업에 발을 넣는 것은 젊은 사람들에게 더 중요한 일로 깊이 잘 생각해 보고 발을 넣어야 한다. 많은 초보창업자들이 창업하는 방법을 바로 알고 창업하지 않고, 돈만 벌면 된다는 생각으로 기교나 권모술수, 재주나 나쁜 요령을 배워 창업하는 경우가 많다. 이는 성공할 수 없는 매우 나쁜 방법이다. 창업이든 취업이든 시작은 중요하지만, 어떤 일을 시작하고, 누구와 함께 일하고, 어떤 일을 어떻게 창업하느냐의 문제는 돈 버는 일 이상으로 중요하다. 지혜로운 사람은 돈 버는 것 못지않게 미래에 어떤 사람이 될 것인가를 더 신중하게 생각한다. 전공을 선택하는 것보다 중요하게 생각해야 한다.

이제는 크고 좋은 기업체에 취업하는 것이 인생을 성공적으로 사는 방법이 아닌 시대가 되었다. 평생직장이 사라진 오늘날의 취업은 이제 안전한 삶을 보장하지 않는다. 젊었을 때 미래의 희망과 행복을 스스로 만들어가는 것이 취업보다 더 중요해진 시대가 되었다. 아무튼 작은 일이든 큰일이든 신중하게 발을 넣어라. 때론 잠시 잠깐 발을 넣은 것이 인생에 플러스가 되기도 하지만, 큰 마이너스가 되어 인생을 망치는 경우가 많다.

발을 넣기 전에 생각해 볼 점

성공한 사람들은 모두 비슷한 방법으로 성공하지만 실패한 사람들은 모두 저마다의 다른 이유가 있다. 성공과 실패, 부자와 가난한 사람은 큰 능력의 차이로 갈리는 것이 아니라 작은 능력의 차이로 갈린다.

① 적성과 능력에 맞지 않는 일이면 발을 넣지 마라.
② 발전적이고 희망이 없는 일이면 발을 넣지 마라.
③ 인생 목표와 거리가 먼 일이면 발을 넣지 마라.
④ 남에게 피해를 주는 일이라면 발을 넣지 마라.
⑤ 잠깐하는 일이라도 옳지 않으면 발을 넣지 마라.
⑥ 희망이 없고 내용 없는 일에는 발을 넣지 마라.
⑦ 일하는 방법이 옳지 않으면 발을 넣지 마라.
⑧ 함께할 사람이 정직하지 않으면 발을 넣지 마라.
⑨ 건강을 해치고 행복을 해치면 발을 넣지 마라.
⑩ 검증되지 않고 알지 못하는 일에는 발을 넣지 마라.

일도 중요하고 돈도 중요하지만 일의 내용도 중요하고, 돈 버는 방법도 중요하고, 누구와 일하느냐 하는 것도 중요하다. 우리주위에는 상식이 통하지 않는 오늘과 내일이 다른 사람들이 생각보다 많다. 정의는 물론이고 약속도 룰도 소용없고, 법도 필요 없는 제멋대로 된 사람들과의 관계를 조심하지 않으면 자신도 모르는 사이에 미래 어떤 사람으로 바뀔지 알 수 없고 힘들게 쌓은 것이 한순간에 무너지는 경우도 얼마든지 발생한다. 어떤 일에 발을 넣느냐는 것도 중요하지만 누구와 일하느냐는 것도 중요하다.

생각해 보면 모든 성공과 실패는 주위 사람들과의 관계로 이루어진다. 따라서 많은 사람, 다양한 사람들과 관계를 가지라고 말들 한다. 하지만 오늘 도움이 되었던 사람이 돈, 물질, 권력, 명예 때문에 내일 얼마든지 다른 사람으로 바뀔 수 있다. 어려운 과정을 거쳐 힘들게 이룬 성공을 한순간에 무너뜨리는 일이 발생한다.

창업을 하든
취업을 하든
귀농귀촌을 하든
공동체를 경영하든
프리랜서를 하든
정치를 하든 어떤 일을 하든지 생활 속에서 만나는 모든 사람들과의 오프라인, 온라인 관계를 조심하지 않으면 어렵게 얻은 행복이 내일은 얼마든지 불행으로 바뀔 수 있다. 특히 어떤 일을 성공궤도에 올려놓은 후에 사람들과의 관계를 조심하지 않으면 위험해 진다. 사람 때문에 성공하지만 사람 때문에 실패한다는 것을 잠시라도 잊지 말라. 이성간의 관계도 똑같이 조심해야 한다.

하지만 무너지고 실패하는 원인을 깊이 생각해 보면 나로부터 시작됨을 알 수 있다. 따져보면 결국 내 마음가짐과 조심스럽지 못한 행동과 욕심 때문에 잘못된 만남을 만들고 오늘 좋았던 사람을 내일 상식이 통하지 않는 사람으로 만든다. "모두 내 탓이요"라는 말이 이 뜻이 아닌가 싶다.

- 내 탐욕 때문에 좋은 사람을 나쁜 사람으로 만들고
- 내 행동 때문에 좋은 사람을 나쁜 사람으로 만들고
- 내 교만 때문에 좋은 사람을 나쁜 사람으로 만들고
- 내 무지 때문에 좋은 사람을 나쁜 사람으로 만든다.

결국 세상사는 누구의 탓이 아닌 내 탓이다. 어렵게 이룬 것을 지키고 지속적으로 성장해 가려면 그 만큼 내 마음가짐과 행동이 중요하다. 특히 지나친 탐욕과 게으른 행동과 잘못된 이성 간의 관계로 불행해지는 경우는 얼마든지 있다. 바른 생각, 바른 인성, 바른 행동은 삶에 대단히 중요하다. 확실하게 믿으려면 의심부터 하라는 말이었다.

성공하는 사람들은

- 경영철학과 신념과 자신감으로 도전하며 긍정적이다.
- 꿈과 목표를 가지고 용기 있게 시작하며 적극적이다.
- 시장경제와 지식경영의 중요함을 알며 사업가적이다.
- 고객의 성향과 욕구변화를 읽을 줄 알며 전략적이다.
- 학습하고 체험하고 철저하게 준비하며 경영자적이다.
- 고객의 문제를 더 좋게 해결하려는 고객지향적이다.

- 5~10년의 미래 비전까지 생각하는 미래지향적이다.
- 가치를 더 많은 사람들과 나눌 줄 알며 홍익적이다.

실패하는 사람들은

- 열정, 신념, 자신감, 소신이 부족하며 소극적이다.
- 목표, 계획, 전략도 없이 덤벼들며 무계획적이다.
- 빨리 많은 것을 가지려고 덤벼들며 탐욕적이다.
- 편하게 살려하며 게으르고 편협하며 부정적이다.
- 혁신적이지 못하고 안주하며 무사안일주의이다.
- 고객보다 자신의 이익만을 추구하며 이기적이다.
- 술수, 편법으로 이익만을 추구하며 한탕주의이다.
- 시작과 과정의 중요성을 모르며 아마추어적이다.

우리는 부자가 되는 좋은 사고와 가난해지는 나쁜 사고를 함께 가지고 있다. 성공하는 사람들은 좋은 사고를 선택하고, 실패하는 사람들은 나쁜 사고를 선택한다.

좋은 사고와 나쁜 사고

- 꿈이 있는 사고와 꿈이 없는 사고를 가지고 있고
- 희망 있는 사고와 희망 없는 사고를 가지고 있고

- 목표 있는 사고와 목표 없는 사고를 가지고 있고
- 계획 있는 사고와 계획 없는 사고를 가지고 있고
- 열정 있는 사고와 열정 없는 사고를 가지고 있고
- 용기 있는 사고와 용기 없는 사고를 가지고 있고
- 소신 있는 사고와 소신 없는 사고를 가지고 있고
- 신념 있는 사고와 신념 없는 사고를 가지고 있다.

시장규모는 한정되고 경쟁자는 계속 늘어나 경쟁은 갈수록 치열해지고 있다. 치열한 경쟁사회인 오늘날에는 어느 것 하나라도 나쁜 사고를 선택하고 살면 성공에 걸림돌이 된다. 우리가 성공하는 좋은 사고와 실패하는 나쁜 사고를 알면서도 나쁜 사고를 선택하는 것은 좋은 사고의 실천이 힘들다고 생각하기 때문이다. 하지만 성공하는 좋은 사고에 취미를 붙이면 더 쉽게 느껴져 집중하게 된다. 부정적이고 편협하고 게으른 나쁜 사고는 실패에 결정적 영향을 미치고 긍정적이고 용기 있는 좋은 사고는 성공에 결정적 영향을 미친다.

한 번 더 강조하지만 어디에 발을 넣고 누구와 함께 일하느냐의 문제는 우리가 살아가는 데 매우 중요하다. 특히 젊은 초보창업자들은 편법이나 잔꾀를 부려 한탕을 노리는 창업을 해서는 안 되며 올바른 창업방법을 배우고 도전해야 한다. 창업시장경제, 올바른 창업계획과 바른 준비, 삶과 창업의 지혜를 바로 알면 창업이든, 취업이든, 직장생활이든 잘할 수 있다.

산다는 것에는 혼자 해결하지 못한다는 중요한 진리가 숨어 있다. 그래서 결혼도 필요한 것이고 중요한 것이다. 성공한 사람들은 혼자의 능력으로 혼자서 잘해서 된 것이 아니다. 학습과 합력을 통하여 경쟁력을 갖추고 치열한 경쟁을 이겨낸 사람들이다. 콜라보 효과콜라보레이션, 협동, 공동작업, 합작란 말이 요즘 유행하는 키워드다. 아무튼 첫발을 잘 넣어야 내 몫의 행복을 찾을 수 있다. 그러려면 오프라인, 온라인의 관계 맺는 일 모두 신중해야 한다.

5

창업하려면 제대로 하라.

오늘날은 생계형 창업을 하더라도 전략적으로 해야 성공한다. 자본과 능력이 부족한 생계형 창업자는 한 번의 실수가 곧바로 실패로 이어진다. 따라서 오늘날 생계형 창업자는 선택과 집중을 통하여 혁신적 창업계획을 세우고 창조적 모방의 전략적 창업을 해야 한다.

창업으로 성공하는 방법

선택과 집중을 통하여

- 가급적 적성에 맞는 것을 선택하고 집중해라.
- 되도록 즐겁고 행복한 일을 선택하고 집중해라.
- 달란트가 있고 아는 것을 선택하고 집중해라.
- 시장성, 수익성이 있는 것을 선택하고 집중해라.
- 남보다 잘할 수 있는 것을 선택하고 집중해라.
- 흔하지 않고 독특한 것을 선택하고 집중해라.
- 미래 발전 가능성을 보고 선택하고 집중해라.

혁신적 창업계획을 세우고

- 경쟁력보다 경쟁하는 방법을 알고 창업해라.
- 고객의 생각을 읽고 혁신적 창업계획을 세워라.
- 크게 벌리지 말고 능력과 분수에 맞춰 시작해라.
- 급해도 천천히 가라, 하지만 너무 천천히 가지 마라.
- 빨리 많이 가지려고 하지 말고 천천히 가져라.
- 남들이 실패한 창업방법에서 전략을 학습해라.
- 호떡장사를 하더라도 전략적, 혁신적 창업을 해라.

처음 창업하는 사람들, 특히 소자본 생계형 창업자들은 선택과 집중, 혁신적 창업계획과 철저한 준비, 창조적 모방의 전략적 창업을 알고 해야 한다. 혁신적 창업계획은 성과보다 성장과정에 초점을 맞춰야 한다. 오로지 성과에만 초점을 맞춰 권모술수, 기교, 화술같은 옳지 못한 편법을 배워 창업하면 평생 고생한다. 나쁜 편법의 창업경영방법을 배워 평생을 고생하는 창업자들은 많다. 길거리 난전에서 채소장사, 호떡장사를 하든 귀농귀촌을 하든 혁신적 창업계획으로 전략적 창업을 하면 크게 성공할 수 있다. 특히 소자본 창업자들이 숙고해야 할 중요한 점이다.

창조적 모방의 전략적 창업을 해라

기존 창업자들을 똑같이 따라 창업하면 실패한다. 모방하되 창조적 모방창업을 해야 한다. 없는 것이 없는 오늘날 시장에서 무에서 유를 창조하는 일은 너무나 어렵다. 무에서 유를 창조하려고 애쓰지 말고 유에서 유를 만들어내는 창조적 모방창업을 해야 한다. 능력과 자본이 부족한 생계형 창업자들은 기존 경쟁자들의 창업전략을 관찰하고 창조적으로 모방해야 한다.

창조적 모방창업이란, 긴 세월 애쓰고 땀 흘려 세상에 없는 독특한 상품을 만들어내고 판매하는 것이 아니다. 시장에 존재하는 제품이나 서비스 또는 전략에서 새로운 아이디어를 얻어 상품이나 전략을 개발하고 남들과 조금이라도 다르게 창업하는 것으로 기존 창업자를 추격하는 창업전략이다. 창업을 크게 성공한 사람들은 세상에 없는 새로운 것을 창조하는 사고방식을 고집해 성공한 사람들이 아니다. 창조적 모방창업으로 성공한 사람들이다.

오늘날은 상품^{제품이나 서비스}이 다양한 세상이다. 그 속에서 세상에 없는 색다른 제품이나 서비스나 전략을 창조해 내는 일은 정보기술과 자본력이 부족한 소자본 창업자들에겐 너무나 어렵고 힘든 일이다. 따라서 소자본 창업자들은 세상에 없는 새로운 것을 만들어내 성공을 꿈꾸는 노력보다 창조적 파괴^{파괴적 혁신을 통해서 새로운 상품이나 아이디어를 얻는 창조}를 통해서 새로운 아이디어를 얻고 차원 높은 독특한 제품이나 서비스, 전략을 개발해 창업하는 방법, 즉 창조적 모방창업을 해야 한다.

어지간한 능력과 자본으로 세상에 없는 제품을 개발하고 독특한 창업을 해보겠다는 것은 자본과 능력이 부족한 소자본 창업자들에겐 시작부터 잘못된 발상이다. 기존 창업자를 똑같이 따라하라는 말이 아니다. 똑같이 따라하는 창업은 실패한다. 지적재산권법이나 특허법의 규제를 받지 않아야 하고, 법이나 사회규칙에 위반되지 않고 규제받지 않는 업종이나 아이템의 창조적 모방을 통해서 업그레이드된 혁신창업을 하라는 뜻이다. 음악이나 제약 같은 분야에서 많이 벌어지는 불법복제 같은 잘못된 모방을 하라는 뜻이 아니다.

21세기 오늘날은 평범해서는 돈을 벌 수도 성공할 수도 없다. 돈을 벌려면 생각과 창업전략, 마케팅과 세일즈방법이 남들과 달라야 한다. 흔하고 평범해서는 오늘의 시장에서 인정받지 못한다. 조금이라도 달라야 한다. 이는 오늘날 창업방법의 정석이고 기본이다.[1]

우리 모두는 자신만의 탁월한 강점을 가지고 있다. 자신만의 강점을 살려 선택하고 집중하면 능률이 오르고 파워풀한 경쟁력이 생겨 경쟁자를 이기고 성공한다. 성공은 선택과 집중이 지름길이다. 곧 강점을 살린 선택과 집중을 통한 혁신적이고 창조적인 차별화 창업을 하면 정년이 없는 직업을 가질 수 있다. 그러려면 시장경제생산판매소비 활동를 알고 능력을 갖춰야 한다. 강점의 경쟁력을 살린 선택과 집중전략이란 나만이 잘할 수 있는 하나를 선택하고 집중하여 시장에서 경쟁우위를 점하는 전략이다.

강점의 경쟁력이 해법

- 안 된다는 부정보다 할 수 있다는 긍정이 강점이다.
- 하나를 선택하고 집중하는 목표지향적이 강점이다.
- 남보다 잘할 수 있는 일에 집중하는 것이 강점이다.
- 잘하고 달란트 있는 것을 선택하는 것이 강점이다.
- 뛰어난 재능, 지식, 경쟁력을 갖추는 것이 강점이다.
- 작은 리스크는 감수하고 도전하는 정신이 강점이다.

---

[1] 창조적 모방창업은 4강에서 더 학습한다.

- 목표를 정하면 힘차게 밀고 나가는 정신이 강점이다.
- 힘들어도 포기하지 않는 신념과 소신이 강점이다.
- 욕망과 열정을 절제하고 제어하는 것이 강점이다.
- 작게 시작하고 천천히 키워가는 것이 강점이다.

창업자금이나 능력이 부족해도 강점의 경쟁력을 살려 긍정의 자신감으로 선택과 집중을 통한 혁신창업에 도전하면 성공한다. 100세 시대에 아직 50대로 절반밖에 못살았다면 기회는 충분하다. 30~40대라면 말할 것도 없이 기회는 많다. 살아보면 도전해서 후회하는 경우보다 도전하지 못해 후회하는 경우가 더 많다. 시작함으로써 실패하는 위험도 따르지만 시작하지 못함으로써 인생을 실패하는 위험은 훨씬 크다. 살아보면 실패는 부끄러운 것이 아니라 매우 귀한 것으로 부자를 만드는 자원과 자산이 됨을 알게 된다.

부자 되기를 목표하고 계획하고 실행하지 않으면 재능^{달란트}이 있어도 부자가 될 수 없다. 부자가 되려면 의욕적인 계획과 실행이 있어야 한다. 그때 혁신적 창업계획과 전략적 창업이 필요하다. 부자와 가난한 사람은 그때부터 ^{의욕적 실행이 있느냐 없느냐} 갈린다.

목표를 설정해라 → 꿈을 계획하고 목표로 옮겨라.
올바른 계획을 짜라 → 올바른 계획과 준비를 해라.
실행시간표를 짜라 → 목표를 정하고 실행시간표를 짜라.

- 강점을 살려 바른 창업전략을 세워라.
- 남보다 잘할 수 있는 것을 선택 집중해라.
- 혁신적 창업계획 통하여 전략적 창업을 해라.
- 가치 있는 창업을 전략적으로 준비해라.
- 무엇이 중요한지 알고 하고 실수를 범하지 마라.
- 과거와 현재시장을 바로 알고 미래를 준비해라.
- 사업성, 시장성, 수익성 분석을 반드시 해라.
- 큰 투자로 실패의 늪에 빠지는 실수를 하지 마라.
- 실패한 창업을 붙잡는 실수를 범하지 마라.
- 실패한 창업은 빨리 포기하고 다시 시작해라.

2강

창업방법은 가진
패에 따라
달라야 해

2강에서는 창업자마다 달라야 하는 창업방법, 청년, 아줌마,
은퇴자의 창업방법을 학습한다.

1

세상과 시장은 계속해서 바뀐다

남들이 성공한 방법이라고 나도 성공하는 것이 아니고, 남들이 실패한 방법이라고 나도 실패하는 것은 아니며, 어제의 성공방법이 오늘도 통하는 것이 아니다. 창업방법은 시대환경에 따라 달라야 하고 창업하는 지역에 따라, 창업자 능력에 따라 달라야 한다. 창업이 어려운 것은 매뉴얼이 없기 때문이다.

시장은 끊임없이 바뀐다. 어제의 시장과 오늘의 시장을 알고 내일의 시장을 예측해 창업해라. 오늘날의 소비자는 어제의 소비자들보다 더 똑똑하며 더 좋은 제품이나 서비스로 욕구를 해결하려고 한다. 올바른 창업방법이란 그 시대의 시장에 맞는 창업방법이고 경쟁자들과 다른 색깔의 차별화된 창업방법이다. 그렇지 않으면 내일 밀고 들어오는 힘 있는 창업자들에게 밀릴 수밖에 없다.

오늘날은 나만의 색깔 있는 독특한 창업을 해야 성공할 수 있다. 많은 창업자들이 뿌리도 못 내리고 죽는 것은 과거의 시장경제를 모르기 때문이고, 달라진 현재의 시장을 모르기 때문이며 달라질 내일의 시장을 모르고 남들과 똑같은 창업을 하기 때문이다.

성공창업의 세 가지 핵심은
첫째, 목적이 뚜렷하고 진실해야 하고
둘째, 경쟁자보다 더 잘하거나 다르게 해야 하고
셋째, 나만의 독특한 전략적 창업을 해야 한다.

그때 창업자가 알아야 할 것은

까다로워진 고객의 변화와 욕구를 알아야 하고

경쟁자보다 욕구를 잘 채워줄 수 있어야 하고

고객이 필요한 것 이상을 준비해 리드해야 한다.

미래에는 정신을 못 차릴 정도의 빠른 변화가 올 것이고 혁신하지 않으면 살아남지 못하는 오늘보다 더 어렵고 힘든 시대가 될 것이다.

어제 고객과 오늘 고객과 내일 고객은 다르다.

어제의 상품정책과 오늘의 상품정책은 달라야 한다.

따라서 어제의 창업방법과 오늘의 창업방법은 달라야 한다.

창업은 핵심역량^{강점}에만 의존해서는 안 되며 시대환경에 따라 달라지는 고객을 이해하고 새로운 상품^{제품이나 서비스}을 개발하여 가치를 높이고 고객의 필요와 욕구에 따라갈 수 있어야 한다. 어제의 상품정책으로는 오늘은 물론 내일의 고객니즈를 만족시킬 수 없다. 오늘날 치열한 경쟁시장에서 경쟁자를 이기려면 상품을 가공하거나 업그레이드 하여 가치를 높이는 마케팅을 할 수 있어야 한다. 그렇지 않으면 시장경쟁에서 가차 없이 밀리게 된다.

남들과 다른 독특한 창업을 하려면 가장 단순한 것에서부터 변화를 시도해라. 기존 방법에서 뭔가를 더하거나 빼거나 비틀어 보면 새로운 아이디어가 생긴다. 남다른 창업방법이나 아이디어를 떠올리려면 국내, 국외의 다양한 시장을 관찰하면 좋다.

- 남들이 잘하는 장사도 똑같이 따라하면 실패한다.
- 달라지는 세상과 시장을 따라가지 못하면 실패한다.
- 과거의 전통방법을 바꾸지 못하면 실패한다.
- 바꾸지 말아야 할 것을 바꾸면 실패한다.

시대와 환경이 바뀌면 어제 성공한 창업방법이 오늘은 실패하는 창업방법이 되기도 하고, 어제 실패한 창업방법이 오늘날에는 성공하는 창업방법이 되기도 한다. 소비자는 항상 변한다. 따라서 창업방법도, 마케팅방법도, 판매방법도 그때그때의 시장에 맞는 버전으로 바꿔줘야 한다. 혁신방법에는 두 가지가 있다. 하나는 지금까지 존재하지 않았던 새것을 만들어내는 혁신이고 다른 하나는 기존의 것에 새로운 가치를 더하는 혁신이다.

- 어제 소비자와 오늘날 소비자의 소비행태는 다르다.
- 오늘 고객은 오늘에 필요한 제품과 서비스를 원한다.
- 어제의 경쟁력이 오늘의 경쟁력이 되는 건 아니다.
- 어제 실패한 방법이 오늘은 성공방법이 되기도 한다.
- 어제 창업모델이 오늘 창업모델로 적합한 건 아니다.

창업모델이란 창업의 수익을 올리는 구조를 뜻하며 고객에게 어떤 가치를 제공하는 것이고, 자원을 어떻게 준비하고 사용하고 어떤 방법으로 수익을 올릴 것인지에 대한 계획과 방법을 뜻한다. 창업도서나 전문가들이 조언하는 말을 모두 믿고 창업하면 실패할 수 있다. 창업도서나 전문가의 조언은 창업의 큰 틀에서는 맞지만 언제나 어디서나 맞는 것이 아니다. 특히 번역된 경영경제관련 도서가 우리나라 시장현실에 맞지 않는 경우가 있다. 올바른 창업방법은 내가 가진 능력과 시대와 환경에 맞아야 한다. 시대흐름과 시장을 파괴하는 혁신적 창업방법이 때로는 정답이 될 때도 있다. 창업은 누구에게 무엇을 배우느냐가 중요하다.

창업할 때는 시장을 먼저 이해하고 창업의 위험성, 수익성, 비전성, 환금성 네 가지 사업성분석을 해야 한다. 다시 말하지만 남들이 성공한 창업방법이 내게도 성공하는 창업방법이 되는 것이 아니다. 나에게는 내 패에 맞는 창업방법이 가장 좋은 방법이다.[2]

내 창업방법은 내 패에 맞춰야 해

시대변화와 소비자환경에 적응하고 따라가지 못하면 기회도 상실한다. 고객니즈를 쫓아가는 것은 창업의 기본이다. 능력이 되는 창업자는 프리미엄시장을 겨냥해 창업하는 것이 좋다. 소비자들은 본질적으로 더 부유하고 좋은 인생을 살기 원한다. 따라서 고객욕구가 달라지는 것처럼 유행이나 트렌드가 지속되는 것이 아니다. 시대가 불황기라면 판매위주의 편의성전략에 맞추

---

2 네 가지 사업성분석방법은 제3강에서 더 학습한다.

는 것이 좋다. 현재 우리나라 시장에도 일본의 잃어버린 10년의 조짐이 보인다.

창업의 1단계 론칭전략이 자리를 잡으면 2단계 프리미엄전략으로 혁신과 변화를 꾀해야 한다. 상품이나 서비스가 항상 똑같으면 소비자는 싫증을 내고 색다른 상품을 찾아서 떠난다. 소비자는 항상 변한다. 어떤 소비자가 어떤 상황에서 어떤 문제를 해결하려고 하는지 관찰하고 혁신해야 한다. 마케팅방법을 바꿔 떠나는 고객을 잡아야 한다. 세상과 시장이 어떻게 달라지고 있는지를 알고 마케팅방법을 바꿔야 한다.

경쟁자의 고객을 내 고객으로 만들려면 고객니즈의 본질을 알아야 한다.

항상 고객의 관점에서 생각하고

복잡하게 생각하지 말고 단순하게 생각하고

고객의 소비수준과 소비패턴을 파악하고

소비의 장애요인, 즉 상품의 복잡성, 가격, 접근성제약, 시간제약을 제거하고, 경쟁자의 고객을 분석해 혁신하고 변화를 꾀해야 한다.

창업핵심은 고객의 욕구해결

'사람들이 원하는 것은 4분의 1인치 드릴이 아니라 4분의 1

인치 구멍이다.' 마케팅의 대가 하버드 경영대교수 태오도르 레빗이 오래전에 한말이다. 드릴은 목표를 해결하기 위한 수단이다. 고객의 욕구는 구멍이다. 창업의 핵심은 고객의 욕구해결에 맞추는 것이다.

잘나가던 기존 사업체들이 실패하는 것은 자만해지기 때문이고, 배가 불러 움직임이 둔해지기 때문이고, 혁신을 간과하거나, 혁신의 위험을 회피하기 때문이다. 신규 창업자가 기존 사업자를 이기는 방법은 이러한 약점을 이용해 새로움이나 독특함으로 고객의 마음을 빼앗는 데 있다. 경쟁자를 이기려면 경쟁자를 따라하지 말고 벤치마킹하고 차별화해야 한다. 무엇을 하든지 한 가지만이라도 제대로 하면 된다. 전문점을 하겠다면 하나만을 선택하고 집중해라. 사과판매 전문점을 하겠다면 사과를 전문으로 팔아야 한다. 감자도 팔고 옥수수도 팔고 채소도 팔면 사과판매 전문점으로 인정받지 못한다. 사과도 팔고 감자도 팔고 옥수수도 팔려면 우리 농산물 전문점 전략으로 가야한다.

세상과 시장은 계속해서 달라지고 있다

- 2011년 우리나라 무역규모 1조 달러 돌파
- 희망 없는 비정규직 600만, 고용사회가 무너진다.
- 스마트폰(미니 컴퓨터) 소유자 70억명 시대가 온다.

- 중국 요우커 700만명 곧 1,000만명 시대가 온다.
- 세상은 온통 자국경제를 위해 치열한 전쟁 중이다.
- 더 확실한 하나의 글로벌시장이 만들어지고 있다.

정부가 발표한 광복 70년 우리나라의 국내총생산GDP은 1953년 6·25전쟁 후 477억 원에서 2014년 1485조원으로 3만 1천배 증가한 세계 13위로 다양한 기회와 치열해진 경쟁을 암시한다. 시대변화의 흐름을 주목해라. 어디에서과거시대 어디로미래시대 흘러가는지 알아야 한다. 경쟁에 따른 시대변화는 고용사회의 막을 내리고 있다. 창업방법은 물론 살아가는 방법도 달라지지 않으면 인생은 실패한다.

뭐든지 혁신해야 한다. 혁신이 뭔지 모르면 무조건 바꿔 남다르게 하면 된다. 그렇게만 해도 혁신하지 않는 것보다 낫다. 기존 방법이나 기존 기술로는 경쟁자를 이길 수 없다. 창조적 혁신을 통한 나만의 색깔 있는 혁신창업을 해야 한다. 혁신에는 강도가 약한 존속적 혁신과 강도가 강한 파괴적 혁신이 있다.

존속적 혁신이란 기존의 기술이나 상품을 개선하는 혁신이다. 그러므로 존속적 혁신은 좋은 혁신이라고 말할 수 없다. 잘 나가던 창업자들이 실패하는 것은 혁신한다고 했지만 강도가 약한 존속적 혁신을 했기 때문이다. 존속적 혁신의 반대개념이 파괴적 혁신이다. 파괴적 혁신은 혁신이 강한만큼 성공할 가능성도 크다. 하지만 파괴적 혁신은 그만큼 위험성이 크다는 것을 알아야 한다.

1등에게도 고비가 있고 석양이 있다. 1등도 더 높이, 더 빨리 뛰려고 노력하지 않으면 실패한다. 그렇다고 열심히 뛰는 것만으로 되는 것이 아니다. 적경쟁자을 알고, 판시장을 알고 혁신적으로 전략적으로 뛰어야 한다. 시장경제를 배우고 깨달으면 창업시장을 볼 수 있다. 창업시장을 볼 수 있어야 기존경쟁자를 추월하거나 신규 창업자를 방어할 수 있다.

성공적으로 자리를 잡았다고 생각했던 소자본 창업자들이 어느 날부터 다시 어려워지는 것은 게으르고, 교만하고, 안주하다 틔운 싹을 제대로 관리하지 못했기 때문이고 혁신을 간과했기 때문이다. 소자본 창업시장의 경쟁은 날로 더 치열해 질 것이고 계속해서 세상과 시장은 바뀔 것이다. 이제는 소자본 창업도 경영을 알고 혁신하지 않으면 실패한다.

20대, 30대 청년들이 창업하는 방법

미국의 강철 왕 카네기(1835.11.25 ~ 1919.8.11)가 말하는 성공 비결의 첫째는 가난한 집안에 태어나는 것, 둘째는 성공할 때까지 포기하지 않고 노력하는 것이라고 했다. 창업을 준비하는 20~30대 사람들에게 시사하는 바가 크다. 환경과 여건만 탓하지 말고 굳은 신념을 갖고 도전하라는 뜻이다.

청년실업자 100만명, 비정규직 취업자 600만명이 넘은 시대, 대한민국의 고용사회가 무너지고 있다. 취업보다 창업이 어떨까 고민하는 사람, 취업이 살아갈 방법의 전부라고 생각하는 사람, 임시직을 탈피해 뭔가 변화를 꾀하려는 사람, 특히 소자본 생계형 청년창업자들에게 이 책이 도움이 될 것이다.

20~30대 소자본 청년창업자들은 어떻게 창업하는 것이 좋을까? 결론부터 말해 창업자금이 없거나 창업경험이 없어도 용기와 끈기만 있으면 성공창업을 할 수 있다. 반대로 자금과 경력이 있어도 용기와 끈기가 없으면 실패한다. 성공창업은 지식과 지혜에 앞서 용기와 굳은 신념과 철저한 준비로 만들어진다. 성공한 사람들은 창업지식이나 기술보다 건강한 정신, 즉 용기, 열정, 신념, 바른 계획, 철저한 준비가 더 중요한 창업성공의 요소라고 말한다. 따라서 20~30대 청년창업자들에게는 창업자금 이상으로 건강한 창업자 정신이 중요하다.

예나 지금이나 성공한 사람들은 창업의 여건은 좋지 않았지만 용기와 신념을 가지고 도전한 사람들이다. 창업을 성공한 사람들의 공통점은 좋은 창업환경이 아니라 용기와 신념과 의지를 가지고 도전했다는 점이다. 즉 창업시장경제를 알고, 시장경험을 쌓고, 창업의 기회를 포착하고, 철저하게 준비하고, 작게 시작해 천천히 키워간 것이다.

다음 중 창업성공확률이 높은 사람은

창업자금도 있고 창업실력도 있는 창업자 A
창업자금은 없고 창업실력이 있는 창업자 B
창업자금은 있고 창업실력이 없는 창업자 C
창업자금도 없고 창업실력도 없는 창업자 D

창업성공률은 창업자 A가 높고, 창업자금도 없고 창업실력도 없는 창업자 D가 실패할 가능성이 많을 것이다. 그러면 창업자 B와 창업자 C중 누가 성공할 가능성이 높을까? 어떤 사람은 창업자 B가 성공할 가능성이 높다고 할 것이고, 어떤 사람은 창업자 C가 성공할 가능성이 높다고 할 것이다.

누구 말이 맞을까? 창업자 B는 창업자금을 마련하는 과제를 해결해야 하고 창업자 C는 창업실력을 쌓는 과제를 해결해야 한다. 사람에 따라 두 과제 중 어떤 과제를 더 쉽게 해결할 수 있느냐에 따라 생각이 달라질 것이다. 즉 창업자금을 쉽게 마련할 수 있는 사람은 창업자 B가 창업성공 가능성이 높다고 할 것이고, 창업실력을 쉽게 쌓을 수 있다고 생각하는 사람은 창업자 C

가 창업성공 가능성이 높다고 할 것이다. 아버지^{저자}는 창업자금보다 창업실력이 창업성공에 더 중요한 역할을 한다고 생각한다.

여기서 현실적으로 창업자 C, 즉 창업자금은 있고^{빚을 내든, 어떻게 조달하든} 창업실력이 없는 사람들이 창업하는 경우 10명 중 7~8명 이상이 실패한다. 실패 후 빌린 돈을 갚아야 하는 어려운 사람들도 생각보다 많다. 현실이 그런데도 창업시장경제를 배우고, 철저한 준비로 창업에 덤비는 창업자들은 많지 않다. 우리 주위에는 실패한 창업을 해놓고 좋아질 날을 기다리지만 좋아질 수 없는 창업자들, 하루라도 빨리 폐업하고 다시 시작하는 것이 더 좋은 창업자들이 부지기수다.

실패는 성공의 어머니, 실패는 성공의 열쇠, 실패는 성공의 지름길이라고 말들 하지만 그것은 실패로 고통을 겪어보지 않은 사람들이 떠드는 웃기는 소리다. 돈이 있어도 창업실력이 없으면 함부로 창업하지 말라는 뜻으로 이해해라. 돈이 있어도 경험과 실력이 없다면 경험과 실력을 쌓고 창업해야 하고, 돈도 실력도 없다면 꿈을 간직하고 경험을 쌓다보면 돈이 없어도 창업할 수 있는 방법을 알게 되고 기회가 찾아온다. 이쯤으로 돈보다 학습과 경험이 더 중요한 창업요소라는 것으로 결론을 내리고 다음 학습으로 넘어가자.

망해봐야 성공도 한다

지금 이 책을 읽는 독자가 창업실패로 무일푼이 되었거나, 갚아야 할 빚까지 있는 적자 인생의 실패한 사람이 되었다고 치자. 하지만 다시 도전하기를 포기하지 않았다면 아직은 실패한 사람이 아니다. 창업을 실패했어도 깨닫고 얻은 것이 있고, 다시 도전할 용기가 있다면 뿌리는 죽지 않고 살아 있는 것이다. 다시 일어서기를 포기하지 마라. 포기는 살아 있는 뿌리까지 죽이는 일이다. 뿌리가 건강하게 살아 있다면 성공의 싹은 곧 다시 돋아난다.

실패를 통하여 깨닫고 배운 것이 없다면 많은 것을 잃은 것이고, 깨닫고 배운 것이 있다면 소중한 것을 얻은 것이니 작은 것을 잃은 것이다. 희망과 용기를 잃지 않고 다시 일어나 걷기를 시작한다면 잃은 것을 찾는 것은 시간문제다. 일어나 힘차게 다시 가라. 더 좋은 기회가 기다린다. 망해봐야 성공도 하는 법이다. 실패를 해봐야 시련과 아픔을 알고, 돈의 중요함을 알고, 가난과 고통을 안다. 실패는 성공을 만드는 더 없이 좋은 약이고 자원이다. 누구든지 큰 고통을 견뎌낼 때 크게 성장하는 법이다. 그래서 젊었을 땐 경험을 쌓기 위해 작게 시작해 천천히 가라.

파도가 없으면 노련한 사공이 될 수 없다 하고, 담금질을 많이 한 쇠가 더 단단해진다고 말들 하지 않더냐? 지금 아무리 죽을 것같이 힘들어도 조금만 더 참고 할 수 있다는 자신감을 갖고 견뎌내라. 다시 웃을 수 있는 기회가 온다. 크게 성공한 사람들은 모두들 지난날 말할 수 없는 큰 시련과 고통을 이겨내고 다시 일어난 사람들이다.

살아 있는 뿌리가 있느냐 없느냐는 미래가 존재함의 표시다. 뿌리가 있는 초목은 꽃이 피고 지기를 반복하지만, 뿌리가 없는 꽃은 한번 지고나면 그만이지 않더냐? 이번에 실패했다고 다음에도 실패한 사람이 되는 것이 아니고, 이번에 성공했다고 영원히 성공한 사람으로 머무는 것도 아니다. 지금 이 책을 읽고 있는 독자가 실패한 사람이라도 창업자 정신의 뿌리가 건강하게 살아 있다면 언제고 꽃은 다시 핀다. 얻어맞는 매가 많이 아프더라도 조금만 더 참고 이겨내면 더 좋은 기회가 온다. 망해봐야 성공도 한다는 말은 맞는 말이다. 지금 실패를 했다면 다음에는 성공할 차례다.

여기까지 왔으니 조금만 더 참고 가라. 매우 어렵고 힘들더라도 다 지나가리라. 뿌리가 살아 있다면 꽃은 다시 필 것이고, 기죽지 말고 포기하지 말고 일어나 가라. 한 달, 두 달, 일 년 안에는 새싹이 난다. 20대, 30대 청년창업자는 그래서 좋은 거다. 바른 계획을 세우고 10년만 열심히 살아봐라. 남은 삶이 행복해질 것이다.

실패하더라도 좋은 실패를 해라. 그래야 다시 일어나기가 쉽다. 창업을 실패하더라도 갚을 빚이 없고 뿌리를 살려둔 실패를 한다면 좋은 실패를 한 것이다. 그러려면 빚내 벌리지 말아야 하고 능력에 맞게 창업해야 한다. 하지만 많은 창업자들이 갚을 빚을 만들어 놓고 뿌리까지 죽이는 나쁜 실패를 하는 경우가 많다. 그래서 특히 소자본 창업자들은 작게 시작해 천천히 키워가야 한다는 저자^{아버지}가 계속해서 강조하는 말이다.

우리나라에서는 40세 미만의 창업자를 청년창업자라고 하고, 40세 이상의 창업자를 시니어 창업자라고 한다. 청년창업자는 대체로 창업자금과 경험이 부족하고 따라서 실패율이 높다. 하지만 청년창업자들은 기회가 더 많고 대성할 수 있는 창업자들이다. 다만 건강한 창업자 정신이 조건이다.

20~30대 청년창업자들은 경력과 노하우가 쌓이는 창업을 하는 것이 좋고, 되도록 선택한 업종에서 실무경험을 많이 쌓는 것이 좋다. 40세 이상의 시니어 창업자들은 가능하면 직장생활을 할 때 창업의 기본을 배워두면 좋다. 청년창업자든, 시니어 창업자든, 창업이 적성에 맞지 않으면 창업하지 않는 것이 좋고, 싸워 이길 경쟁력이 부족하면 창업을 미루는 것이 좋다.

우리나라는 자영업의 창업비율은 30%로 어떤 나라보다 매우 높다. 미국의 자영업비율 7%, 일본은 12%, 영국은 13%다.

OECD 평균의 두 배 정도 된다. 그래도 창업은 비정규직 노동자보다 희망적이다. 능력만 된다면 성공창업의 기회는 언제든지 있다.

- 20대는 5년 이상 경험하고 창업하는 것이 좋고
- 30대는 4년 이상 경험하고 창업하는 것이 좋고
- 40대는 3년 이상 경험하고 창업하는 것이 좋고
- 시장경제를 학습한 뒤 경험하고 창업하는 것이 좋고
- 경험이 없으면 전문가 지도를 받는 것이 좋고
- 위험성, 수익성, 비전성, 환금성 분석은 반드시 하고
- 기존 창업자보다 더 잘하든가 다르게 해야 한다.

창업적령기는 있고, 창업학습은 왜 중요한가

창업적령기가 있는 것은 아니지만 젊었을 때 도전하는 것이 훨씬 유리하다. 하지만 젊었을 때는 능력, 실력, 경험, 노하우, 리더십 등이 부족하다. 그래서 특히 20~30대 청년창업자들은 창업의 지혜와 창업시장경제를 알아야 한다. 하지만 대부분의 창업자들은 창업학습은 커녕 한권의 창업도서도 읽지 않는다. 크게 잘못하는 것이다. 히말라야 산에 오르려면 오르는 방법을 배우고 트레이닝을 받는 것이 죽음을 피하는 방법이다. 창업도 이처럼 예측할 수 없이 위험하고 불확실해 죽을 수도 있다. 뒷동산에 오르는 것 같은 식은 죽 먹기와 같은 때는 다시 오지 않는다.

잘 생각하고 판단해 받아들여라.

　다시 말하지만 시장실무경험이 없이 쓴 창업도서^{특히 외국계 번}
^{역도서}, 창업전문가, 인터넷 블로그 등에서 이렇게 창업하면 안 되
고 이렇게 창업해야 한다는 식의 자기 주관적인 생각을 전하는
책들이 많다. 창업도서를 읽을 때 잘 생각하고 판단해 받아들여
야 한다. 시대환경에 안 맞고, 우리나라 시장현실에 맞지 않는
조언을 하는 창업도서, 전문가, 인터넷 블로그 등이 많다. 잘못
이해하고 잘못 받아들여 창업하면 실패한다.

　실례를 들면 어떤 창업도서에서의 장사의 입지는 크게 중요
한 것이 아니므로 좋은 입지에 비싼 점포를 구하는 것보다 임대
료가 저렴한 점포를 얻어 마케팅을 잘하면 성공할 수 있다는 조
언은 반은 맞고 반은 틀린 말이다. 또 어떤 창업도서에는 확실
한 사업이라고 판단되면 투자규모를 늘려 규모의 창업을 하는
것이 좋다는 잘못된 조언도 있고, 또 어떤 책에는 오늘날 고용
사회가 막을 내리며 직장생활의 리스크가 높아졌고 창업리스크
는 현저하게 낮아져 창업하기 좋아졌다는 식의 반은 맞고 반은
틀린 위험한 내용도 있다. 틀린 반의 조언을 믿고 받아들여 창
업하면 이유도 모르는 채 실패한다.

　다시 말하지만 창업에 매뉴얼은 없다. 20세기 시장경제가 만
든 낡은 창업의 틀로는 성공할 수 없다. 나라에 따라, 시대에 따
라, 시장과 환경에 따라, 창업자의 가진 패에 따라, 경쟁자와의

관계에 따라 창업방법은 달라져야 한다. 따라서 창업자들은 창업도서, 창업전문가, 인터넷 등에 나도는 말들을 자신에 맞게 새겨들어야 한다. 이러한 이유에서도 올바른 창업시장경제의 학습이 중요하다.

또는 어떤 창업자는 무엇을 어떻게 창업해 성공했고, 누가 무엇을 어떻게 차별화해 대박이 났고, 어떤 틈새시장을 공략해 어떻게 자기만의 색깔로 도전했더니 성공했다는 이야기도 있다. 이 또한 새겨들어야 한다. 여기서 성공한 사람들은 다른 누군가의 성공사례를 따라해 성공한 것이 아니다. 자신이 가지고 있는 패, 즉 업종, 입지, 환경, 경쟁력, 능력과 소질에 맞춰 창업했고 시행착오에 따른 어려움과 시련을 이겨냈기 때문에 성공할 수 있었던 것이다. 성공한 사람들이 가지고 있는 정신과 사고방식을 참고했던 것이다.

남들이 성공한 창업을 카피해 창업하면 실패한다. 참고만 해라. 20~30대 소자본 청년창업자들이라면 특히 나만의 차별화된 창업을 해야 한다. 그래야 시장에서 경쟁우위를 확보하고 미래 성공의 길로 나갈 수 있다. 청년창업자들은 전략적 창업계획을 세우고 10년만 열심히 노력하면 인생의 후반부를 행복하게 살 수 있다.

전략적으로 10년만 열심히 하면 뭐든 된다

세월 가는대로 그냥 그렇게 살래
물 흘러가듯 그냥 그렇게 살래
구름에 달 가듯 그냥 그렇게 살래

무슨 일을 하든지 남다르게 전략적으로 10년만 열심히 하면 무엇이든 이룰 수 있고 행복하게 살 수 있다. 공부를 하든, 취업을 하든, 창업을 하든 전략적으로 10년만 집중하면 행복한 인생을 살 수 있다. 한 달, 1년의 계획과 노력으로는 많이 부족하고 20~30년의 계획은 부질없다. 특히 20~30대 창업자들은 무슨 창업을 하든지 전략적으로 10년만 열심히 노력하면 미래가 행복해진다.

- 공부할 때 계획적으로 10년만 열심히 해라.
- 취업할 때 계획적으로 10년만 열심히 해라.
- 창업할 때 계획적으로 10년만 열심히 해라.
- 결혼할 때 계획적으로 10년만 열심히 해라.
- 귀농귀촌도 계획적으로 10년만 열심히 해라.
- 뭐를 하든지 계획적으로 10년만 열심히 해라.

잔꾀 부리지 말고, 아는 척하지 말고, 잘난 척하지 말고 10년의 계획을 세우고 전략적으로 열심히 노력하면 꿈을 이루고 성공할 수 있다. 인생은 한 번뿐이다. 이번 인생을 절대 포기하지 말라. 된다면 어디 한번 해볼까하는 사람은 인생을 포기한 사람과 같다.

- 자라나는 어린이는 미래에 무엇이든지 될 수 있다.
- 청년창업자는 내일에 얼마든지 크게 성공할 수 있다.
- 10년만 전략적으로 열심히 하면 뭐든지 될 수 있다.
- 꿈을 목표로 옮기고 계획하고 의지를 갖고 도전해라.
- 특히 청년창업자들은 야망을 갖고 힘있게 도전해라.
- 망해봐야 크게 성공한다는 마음가짐으로 도전해라.
- 내일의 멋진 세상은 도전하는 청년들의 것이다.

20~30대 청년창업자들의 창업실패율이 높은 것은 창업시장 경제를 모르고 덤비기 때문이고, 창업경험이 없거나 적어 좋은 창업과 나쁜 창업을 분별하지 못하기 때문이고, 창업의 중요한 점과 중요하지 않은 점을 알지 못하고 경거망동하기 때문이고, 올바로 가르쳐주는 사람이 없기 때문이다.

아줌마, 시니어, 은퇴자들이 창업하는 방법

세션포인트

아줌마들의 창업성공률은 평균보다 높다. 하지만 크게 성공하는 아줌마들은 적다. 시니어, 은퇴자들은 창조와 혁신보다 관행에 집착하는 단점이 있지만 지식, 정보, 노하우를 효과적으로 활용하는 냉철함이 있어 청년창업자들보다 창업성공률이 높다. 하지만 우물쭈물 망설이다 시작조차 못하는 사람들이 대부분이다.

아줌마들의 창업방법이 특별히 다른 것은 아니다. 이 책의 모든 내용이 아줌마 또는 시니어들에게 맞는 창업방법이라고 해도 과언이 아니다. 아줌마 창업자들의 창업성공률이 일반창업자 평균보다 높은 이유는 보다 욕심이 적고 능력에 맞춰 작게 창업하고, 보다 준비를 꼼꼼하게 하고, 보다 창업지식을 학습하고 경거망동하지 않고 창업하기 때문이다. 때로는 독특한 혁신창업으로 남자들보다 크게 성공하는 아줌마 창업자도 있다. 이 책에서 가르치는 창업의 지혜, 창업시장경제의 모든 내용들이 아줌마, 시니어 창업자들을 위한 내용이다.

은퇴한 사람들 절반 이상이 은퇴준비가 미흡하다는 통계가 있다. 60세 이상 노동자 640만명, 반퇴시대 퇴직해도 은퇴하지 못하고 일해야 하는 시대. 퇴직 후 적어도 10~20년은 더 일하며 생계를 꾸려야 하는 시대라는 새로운 신조어까지 생겼다. 은퇴자들에게 창업은 남은 인생의 행복을 누릴 수 있는 마지막 기회다. 나이가 많아서, 돈이 없어서, 경험이 없어서, 우물쭈물 망설이고 있다면 행복할 수 있는 기회를 영원히 놓칠 위기에 있다. 우리나라 50대 이상의 창업자들은 대부분 생계형 창업을 한다. 하지만 그중에 대부분의 사람들은 창업하는 방법을 모르고 덤벼들어 실패한다. 창업방법을 학습하고 창업하는 사람들은 매우 적다.

인생은 노년이 행복해야 성공한 것

인생 2막, 은퇴 후 또 다른 30~40년을 어떻게 살아가야 할 것인가? 노년이 행복하지 않으면 인생은 실패한 것이다. 창업하는 방법을 바로 알면 은퇴한 사람들도 얼마든지 즐기며 행복한 노년을 살 수 있다. 50대, 60대 사람들은 대부분 두드리기만 하고, 우물쭈물 망설이다 행복할 수 있는 마지막 기회까지 놓치는 경우가 많다.

모든 일은 용기와 방법이 중요한 것이지 연령, 전문성, 창업자금이 중요한 것이 아니다. 창업은 열정도 중요하지만 냉철함도 중요하다. 청년창업자들보다 노년의 창업성공률이 높지만 우물쭈물 망설이다 도전하지 못해 실제로는 성공하는 창업자들이 적다. 노년은 일하고 돈 버는 것도 중요하지만 힘들면 안 되고 즐거워야 한다. 은퇴 후 창업은 크게 하면 안 되고, 욕심을 버려야하고, 돈 때문에 스트레스를 받으면 안 되고, 심하게 경쟁하면 안 되고, 먹고 살면 된다는 사고로 창업의 질을 떨어뜨려도 안 된다. 작게 시작해 천천히 가면 된다.

방법이 문제지 늦은 것이 아니다

100세 시대 은퇴한 당신은 행복하십니까? 100세를 사는 오늘날에는 80대가 되어도 일해야 행복하다. 그런데 50~60대 사람들은 우물쭈물 망설이다 포기하고 70이 넘으면 후회한다. 50~60대 사람들은 창업하는 방법이 문제지 때가 늦은 것이 아니다. 20~30년을 더 일하며 즐겨야 한다. 무슨 창업을 하든지 시간은 충분하다. 창업자들은 실제로 50대에 경영능력이 최고조에 달한다.

시니어 창업자들은 현직에 있을 때 5~10년 전부터 창업을 준비하는 것이 좋다. 창업에 필요한 것 창업시장경제 학습, 시장경험을 한 가지씩 미리 준비하면 은퇴 후 큰 도움이 된다. 하지만 준비하지 못한 사람들은 1~2년 이상의 준비과정을 거쳐 창업을 학습하고 경험하고 경력과 노하우를 살려 창업하면 잘할 수 있다.

은퇴한 사람들 세 가지 유형

은퇴 후의 사회에 적응하지 못해 사회생활이 어렵고 힘들게 느껴지고 무기력해져 남은 삶을 그냥저냥 살아가는 포기형의 은퇴자들이 있고,

은퇴 후의 사회가 어렵고 힘들게 느껴지지만 조금씩 적응해가며 서서히 기회를 찾아가는 적응형의 은퇴자들이 있고,

은퇴가 오히려 삶에 새로운 반전의 기회가 되어 잠재되어 있던 자질을 개발하고 적극적인 도전을 통하여 더 신나고 보람

된 인생을 사는 반전형의 은퇴자들이 있다.

은퇴한 사람이 창업할 때

① 창업시장경제와 장사하는 방법을 학습하라.
- 대부분은 세상을 모르고 덤벼들어 실패한다.

② 새로운 제2의 인생을 포기하지 말고 다시 설계하라.
- 퇴직은 빨라졌고 수명은 길어져 제2인생이 생겼다.

③ 다시 태어난다면 하고 싶던 일을 생각해 시작하라.
- 은퇴는 경험을 발판으로 한 새로운 삶의 출발이다.

④ 다시 주어진 인생을 어떻게 살 것인가 계획하라.
- 시간은 충분하다. 후회됐던 것을 다시 시작한다.

⑤ 과거의 모든 것을 버리되 쌓은 경력을 활용하라.
- 청년창업자보다 노년의 창업자가 유리하다.

⑥ 창업자금이 적게 든다는 말에 현혹되지 마라.
- 작게 시작해도 실패할 때는 손해규모가 커진다.

⑦ 노년에 행복하게 살려면 작게 시작해 천천히 해라.
- 기대수익을 크게 잡고 규모 창업을 하지 마라.

⑧ 경력과 능력을 살릴 수 있는 틈새시장을 찾아라.
- 모르는 일에 발을 넣지 말고 아는 틈새를 찾아라.

⑨ 낡은 사고방식과 패러다임을 바꿔라.
- 부딪쳐라, 받아들여라, 버려라, 인정하고 따르라.

⑩ 작게 시작해도 남다르게 독특한 창업을 해라.
  • 작게 창업할수록 남들과 같으면 실패한다.
⑪ 너무 전통적인 창업방법만을 고집하지 마라.
  • 달라진 시장을 봐라, 장사는 보수적이면 망한다.
⑫ 눈높이를 낮추고 욕심을 빼고 시작해라.
  • 욕심을 빼고 눈높이를 낮추면 할 일은 많다.
⑬ 좋은 업종과 좋은 아이템이라도 맹신하지 마라.
  • 위험성, 수익성, 비전성, 환금성을 반드시 체크해라.
⑭ 가진 것이 적어도 절반만 투자하라.
  • 작게 시작한 창업이라도 행복하면 성공한 것이다.
⑮ 경험이 없고 나이가 들었다는 것은 잊어라.
  • 청년창업자들보다 노년에게 유리한 일을 찾아라.
⑯ 시간은 충분하다. 올바른 창업과정을 준수해라.
  • 시장경제를 학습하고 바른 창업을 준비한다.
⑰ 우물쭈물 지나치게 재거나 망설이지 말라.
  • 시간적 제약을 생각하지 말고 자신감을 가져라.
⑱ 체인점이나 유망업종도 함부로 창업하지 말라.
  • 매사를 너무 믿지도 말고 의심하지도 말라.
⑲ 정부지원기관이나 전문가의 말도 다 믿지 말라.
  • 시장경제를 다시 학습하고 창업을 준비해라.
⑳ 다시 찾아온 기회를 놓치고 인생을 후회하지 말라.
  • 은퇴란 행복해 질 수 있는 다시 찾아온 기회다.

국민연금연구원의 연구보고서에 따르면 우리나라 50대 이상 자영업자 절반이 월평균수입이 100만원이 안 되고, 월100~200 만원 21.3%, 월200~300만원 16.1%, 월300만원 이상 17.9% 등 으로 파악됐다. 연구팀이 50~60대의 경제활동 상태를 분석한 결과, 전체 조사대상자 중에서 취업자는 53%, 비경제활동인구 는 45.4%, 구직자가 1.6%다. 월300~500만원 수익을 올릴 수 있 는 소자본 창업은 바로 알고 제대로 도전하면 누구나 성공할 수 있다.

　　영국의 유명한 극작가 조지 버나드 쇼는 자신의 묘비에 이 런 글을 남겼다.
　　'우물쭈물하다 내 이럴 줄 알았어!'

좋은 창업아이템이라도
사업성분석은 필수

좋은 업종, 좋은 창업아이템, 유명체인점이라도 반드시 사업성 분석을 해야 한다. 시장성, 수익성, 비전성, 환금성을 따져보고 창업 여부를 결정해야 한다. 나이가 적든 많든, 창업경험이 있든 없든 많은 창업자들이 사업성분석을 할 줄 모르거나 간과해 실패한 창업을 한다.

좋아하고 잘할 수 있는 창업을 하는 것이 현명한 창업방법이라고 말하지만 전제돼야 하는 것은 업종, 아이템이 가지는 사업성, 즉 시장성^{수요}, 수익성^{수입}, 상품성^{소비}, 비전성^{장래}이다. 대부분의 사람들이 사업성분석을 바르게 하지 못하거나 간과해 실패한다. 아무리 적성에 맞고 잘할 수 있는 것이라도 사업성분석을 제대로 하지 않고 덤벼들면 힘만 빼다 망하게 된다.

사업^{장사}을 지속하기 위해서는 운영자금이 필요하고 그러기 위해서는 상품^{제품 서비스}을 소비해 주는 소비자^{수요}가 있어야 한다. 이러한 시장의 수요^{소비자}가 얼마나 되고 수익성^{마진과 이익의 크기}이 얼마나 되는지 반드시 사업성분석을 한 후에 적성에 맞고 잘할 수 있는 업종인지, 아이템인지를 판단해야 한다.

쓸모가 많은 상품
누구나 필요한 상품
계절 없이 팔리는 상품은
시장성이 좋은 아이템이지만 경쟁이 심해 수익성이 낮다.
특정한 사람만 필요한 상품
쓸모가 한정된 상품

소비성이 검증되지 않은 상품은 사업성이 떨어지고 위험성은 따르지만 좋을 수도 있고 위험할 수도 있는 아이템이다. 위험성이 큰 아이템은 경쟁자가 적어 때로는 기회가 되고 대박이 터질 수도 있다. 남들이 외면한 창업에 가끔은 좋은 기회가 있다. 하지만 사업성을 올바로 분석하고 경영능력이 될 때 통하는 말이다.

아무리 좋은 아이템이라도 막연하게 덤벼들면 실패한다. 사업성과 경쟁자를 따져보고 성공확률을 분석해야 한다. 사업의 위험성, 수익성, 비전성, 환금성^{장사}투자한 자금을 회수할 수 있는 가능성, 네 가지 분석을 간과하거나 잘못해 실패한 창업자들은 정말 많다. 특히 창업자금이 적은 소자본 창업자들은 창업할 때부터 이익이 생겨야 한다. 상품을 사줄 고객을 끌어당길 능력이 있고 최소한의 수익이 확실히 될 때 창업해야 한다.

시장성과 수익성은 밀접한 관계가 있지만 외부환경이나 경영자능력에 따라 달라지기도 한다. 시장성이 좋다고 수익성이 좋은 것도 아니고 시장성이 나쁘다고 수익성이 나쁜 것도 아니다. 시장성과 수익성은 언제든지 다양한 이유, 즉 내적변화나 외적변화로 바뀐다. 창업을 준비하는 사람들은 이러한 수익성 변화를 알고 시장성, 수익성, 경쟁자와의 관계를 반드시 따져 창업해야 실패를 피할 수 있다.[3]

---

3 사업성분석방법은 제3강에서 더 학습한다.

창업을 준비하는 대부분의 사람들은 자신이 좋아하는 업종이나 아이템을 찾으면 그것에 집중적으로 꽂혀 마음속에 이미 창업을 결정하고 긍정적으로 수익성을 확대해 핑크빛 꿈을 안고 덤벼든다. 새내기 청년창업자들의 흔한 실패원인이다. 좋아하는 창업아이템을 선택하는 것도 중요하지만 사업의 안전성과 수익성을 확실하게 따져 창업하는 것이 소자본 창업자들에게 매우 중요하다.

사업성을 따질 때는 단순히 눈에 보이는 세대수와 인구수만을 따져 예상매출을 판단하면 안 된다. 소비자 연령대와 소득형태, 주소비자의 소비성향을 분석하고 경쟁관계, 고객점유율이 현실적으로 얼마나 되는지, 내 능력과 경쟁자의 경쟁력을 평가하고 예측해야 한다. 전체 시장규모에서 차지할 수 있는 몫이 최소한 얼마나 되는지, 상품판매량이나 마진율이 얼마나 되는지 냉정하게 수익성을 따져보고 창업계획을 세워야 한다.

영업이익을 간단히 말하면 매출이익에서 지출금액을 공제한 것이다. 창업의 진입기, 성장기, 성숙기에 따라 매출이익^{지출을 공제하기 전의 이익}을 예측하고 진입기, 성장기, 성숙기에 따라 달라지는 지출금액을 공제한 후 이익을 따져야 한다. 지출비용은 고정지출비용^{상품원가, 임대료, 인건비, 서비스비용, 투자금 이자비용, 기타 고정비용 등}과 광고비, 소모비용 등 유동적인 지출비용을 빠짐없이 모두 합산해야 한다. 좀 더 자세한 내용은 창업세미나, 창업상담지도를 통해서 학습할 수 있다.

창업실패의 흔한 원인

- 창업시장경제를 모르고 창업하기 때문이다.
- 부족한 능력으로 분수를 초과해 덤비기 때문이다.
- 경쟁자를 모르고 부족한 능력으로 덤비기 때문이다.
- 남보다 잘하거나 다르게 하지 못하기 때문이다.
- 상대평가를 하지 않고 절대평가를 하기 때문이다.
- 시장이 성숙되지 않은 업종을 창업하기 때문이다.
- 철저한 준비 없이 열정만으로 창업하기 때문이다.
- 고객욕구보다 내 욕구를 먼저 생각하기 때문이다.

실패를 해본 창업자들은

- 실패를 해본 사람은 어떤 구름에 비가 있는지 안다.
- 남들이 쓸모없다고 버린 것에서 가치를 찾는다.
- 남들이 실패한 방법에서 역발상의 기회를 찾는다.
- 당장의 수익성보다 미래비전을 중요하게 생각한다.
- 모두가 덤비는 창업을 피하고 차별화 창업을 한다.
- 고품질상품전략, 브랜딩전략을 구사하고 장수한다.
- 성공의 욕심을 절제하고 열정과 속도를 조절한다.

만약 실패를 하더라도 좌절하거나 포기하지 말라. 실패는 성공을 만드는 과정이고 자원이다. 미래에 크게 될 사람은 실패를 통하여 더 많은 자신감과 의욕을 가지며, 미래에 희망이 없는 사람들은 실패로 인해 있었던 자신감과 의욕마저 상실한다. 강풍과 추위를 이겨낸 초목들이 꽃을 피우고 실한 열매를 풍성하게 맺는다.

5

귀농귀촌, 도매업, 제조업 기초상식

섹션포인트

귀농귀촌, 도매업, 제조업을 하는 데도 마케팅과 판매기술이 중요하다. 제조업은 이제 양적인 생산문제와 질적인 생산문제의 중요함을 넘어 마케팅과 판매기술이 중요해진 시대다. 무엇을 어떻게 생산하느냐보다 어떻게 판매하느냐가 훨씬 더 중요하다.

1970년대 중반까지는 대한민국 시장에 공급이 수요보다 적었고, 소비자들이 상품을 제대로 이해하지 못하는 때였다. 그러다보니 1970년대까지는 제조업, 도매업, 소매업을 포함해 농업, 수산업, 축산업 생산자, 판매자 모두들 상품판매가 대체로 쉬웠다. 생산만 해놓으면 어렵지 않게 판매되는 시대였다. 그러나 생산과 공급이 점차 넘쳐나고 상품품질이 대등해진 21세기 오늘날의 시장에서는 제조, 도매, 소매, 농축수산업 등 모든 산업에 걸쳐 판매세일즈가 매우 중요해졌다. 거기에 소비자들의 상품이해력이 높아짐에 따라 상품판매는 더 까다로워졌다. 소비자들은 어제 좋게 생각했던 상품을 오늘은 평범하게 생각하는 것이다. 소비자들이 상품을 흔하고 평범하게 느끼면 상품경쟁력은 없어진다. 따라서 판매기술은 모든 산업에 걸쳐 중요한 과제가 되었고 마케팅은 한층 더 고객지향적이 된 것이다. 귀농귀촌도 마찬가지로 마케팅과 판매기술을 모르면 성공하기 어려운 시대가 되었다.

마케팅과 세일즈가 중요한 시대

마케팅과 세일즈판매는 고객만족도를 높이고 고객을 끌어당기는 힘을 가지고 있다. 따라서 어제의 창업방법이나 기존 경쟁자들의 창업방법을 따라하면 항상 경쟁자의 뒤만 따라가다 실패한다. 그러므로 성공한 창업자들을 따라하지 말고 성공이면에 숨어 있는 창업자 정신을 본받아야 한다. 누가 어디서 A라는 창업을 할 때는 까만색깔이 정답이 되고, 다른 누가 어디서 똑같이 A라는 창업을 할 때는 하얀색깔이 정답이 된다.

무엇을 하든지 성공하려면 먼저 시장을 알아야 하고, 관련 시장을 조사하고 분석평가하고 체험하고 철저히 준비하는 것이 기본이다. 거기에 덜 필요한 것과 꼭 필요한 것을 선별할 줄 알아야 하고, 똑같은 것이라도 언제 어떻게 효과와 역효과를 내는지 알아야 하고, 좋은 전략도 항상 좋은 전략이 아니라는 것을 알아야 하고, 과거와 현재를 비교평가하고 미래를 설계할 수 있어야 하고, 실용성, 창의성, 경제성도 지나치면 해가 됨을 알아야 하고, 제조업, 도매업, 소매업, 귀농귀촌, 무엇을 하든지 마케팅과 판매기술세일즈을 알아야 한다.

무엇을 하든지 실패의 주된 원인은 서두르고 경거망동하고 교만하기 때문이다. 창업경력이 조금 된다고 경거망동해 실패하는 사람들이 많고, 10~20년 사업경력이 있다고 세상을 다 아는 것처럼 교만하고 건방떨다 실패하는 창업자들은 흔하다. 물론 저자아버지도 그런 경험이 있다. 하지만 사업경력 40년이 넘은 지금은 그것이 큰 잘못임을 깨달아 안다. 100년의 경력이 있는 사업체도 욕심 부리고 경거망동하고 교만하면 실패할 수밖에 없다는 사실을 알았고 지속적으로 배우고 혁신하지 않으면 실패할 수밖에 없다는 것도 터득했다. 창업에 정해진 정답은 없다. 업종에 따라, 시대에 따라, 환경에 따라, 경쟁관계에 따라, 창업자 능력에 따라 창업방법은 달라져야 한다. 대한민국의 오늘날에는 외적환경변화, 내적자원역량과 능력을 알고 혁신창업을 해야 하는 일이 한 가지가 더 늘었다. 세상의 모든 나라 사람들과 한 틀속에서 경쟁해야 하는 글로벌시대로 이제는 마케팅과 세일즈를 모르면 힘들어진 시대가 되었다.

귀농귀촌의 기초상식

귀농귀촌을 할 때도 마케팅과 세일즈를 알아야 한다.

첫째, 재배하고 기르고 사육하는 1차 산업지식과 기술을 알아야 하고,

둘째, 1차 산업을 통하여 수확한 제품을 제조가공하는 2차 산업지식과 기술을 알아야 하고,

셋째, 2차 산업에서 만든 것을 판매하고 서비스하는 3차 산업지식과 마케팅과 세일즈방법을 알아야 한다. 하지만 대부분의 사람들은 기본도 모르거나 간신히 1차 산업의 기본만 알고 귀농귀촌에 덤벼들어 실패한다. 오늘날에는 6차 산업의 지식과 기술을 알고 혁신전략이 있는 귀농귀촌을 해야 성공할 수 있다.

6차 산업이란 재배하고 기르고 사육하는 농업, 축산업, 수산

업, 임업의 1차 산업과, 1차 산업에서 수확한 것을 제조가공하는 2차 산업과, 2차 산업에서 만들어진 상품을 판매하고 서비스를 추가한 3차 산업을 종합한 산업을 일컫는 말이다. 농업을 예로 들면 농산물 수확의 1차 산업과, 수확한 농산물을 제조가공하는 2차 산업과, 2차 산업에서 만들어진 제품의 유통판매 또는 농촌 체험관광 등 다양한 서비스 프로그램을 추가한 3차 산업을 종합한 산업1차+2차+3차=6차을 6차 산업이라고 하는 것이다.

6차 산업은 고부가가치 산업으로 귀농귀촌을 준비하는 사람들은 반드시 귀농귀촌의 지식과 지혜, 그리고 마케팅과 판매기술을 알아야 한다. 정부는 2002년부터 우수업체를 선정하여 6차 산업을 지원하고 있다. 정부는 귀농귀촌을 준비하는 사람들에게 자금지원과 정보제공에 앞서 귀농귀촌 할 때 알아야 할 혁신전략에 필요한 세 가지로 1차 산업의 지식과 기술, 2차 산업의 가공기술, 3차 산업의 마케팅과 판매기술을 가르쳐야 한다.

KBS방송국의 '나는 농부다'라는 방송 프로그램이 있다. 참으로 기발하고 좋은 상품력을 갖춘 아이템들이 참가한다. 1등하면 1억원의 상금을 받는다. 하지만 이 프로를 보면 아쉬운 점이 생긴다. 상품을 어떻게 마케팅하고 판매할 것인가에 대한 질의문답이 없는 것이 아쉬움으로 남는다. 아무리 기발한 아이디어라도 생산을 넘어 판매문제를 해결하지 못하면 실패하는 것이 오늘이다. 대한민국의 오늘은 그렇게 마케팅과 판매기술이 중요해진 시대다.

혁신적, 전략적 귀농귀촌을 해라

① 가족과 충분히 합의하고 현장조사를 철저하게 한다.
② 1~2년을 거주해보고 혁신전략 계획서를 수립한다.
③ 귀농귀촌 하기 전에 현장체험을 통하여 학습한다.
④ 확실한 수익성 보장이 없으면 귀농귀촌을 고려한다.
⑤ 귀농귀촌을 하려면 생산과 판매기술이 있어야 한다.
⑥ 초기투자를 많이 하지 말고 단계적으로 투자한다.
⑦ 6차 산업기술을 학습하고 생산적 귀농귀촌을 한다.
⑧ 정부 귀농귀촌지원센터를 활용하되 다 믿지 않는다.
⑨ 가진 자본금의 반만 투자하되 규모투자는 안 한다.
⑩ 주민, 지역유지들과 나쁜 관계를 만들지 않는다.

귀농귀촌도 입지가 중요하다

① 발품을 많이 팔고 교통경관이 좋은 입지를 택한다.
② 도시와 가까운 입지가 생산, 판매 성공률이 높다.
③ 장기투자라고 생각하고 가치 있는 입지를 찾는다.
④ 환경, 교통, 자연 재해도 염두에 두고 찾는다.
⑤ 장마철 빗물과 겨울철 일조량을 참작하여 선택한다.
⑥ 투자능력, 관리능력에 적합한 토지를 매입한다.
⑦ 지자체 도움을 적극 활용하되 의존하지 않는다.
⑧ 계획적으로 지역유지나 이장님 등의 도움을 받는다.
⑨ 조급하게 결정하지 않고 충분하게 검토한다.
⑩ 고향지역만 고집하지 않고 대상지역을 넓힌다.

시장경제^{생산판매소비} 활동를 알고 혁신전략이 있는 귀농귀촌을 한 사람들 중에는 연간 1억~5억원의 수익을 올리는 사람들도 있다. 귀농귀촌을 하는 데도 시장경제를 알고 혁신전략을 알아야 한다. 수익이 필요하기 때문이고, 수익은 생산과 판매를 잘할 수 있을 때 높일 수 있기 때문이다. 따라서 소자본 귀농귀촌을 할 때도 재배하고, 사육하고, 가공하는 기술 못지않게 마케팅과 판매기술이 중요하다. 오늘날 귀농귀촌을 성공적으로 하려면 창의적이고 혁신적인 귀농귀촌을 해야 한다. 20~30대 젊은 청년들이 50~60대 기존의 농사꾼들보다 농사를 더 잘 짓고 더 많은 수익을 올리는 것에서 알 수 있는데, 이는 청년들은 먼저 사고방식이 다르고 학습하고 혁신적이고 전략적이기 때문이다. 무슨 일을 하든지 대한민국의 오늘날은 끊임없는 학습과 혁신과 창조가 중요하고 필요한 시대가 되었다.

도매업의 기초상식

제조업 → 도매업 → 소매업으로 이어지는 유통에서 소자본 도매업을 하려면 유통판매경험이 있어야 하고 유통방법을 알아야 하고 전략적 판매계획이 있어야 한다. 유통의 초보자들은 함부로 도매업에 덤벼들지 않는 것이 좋다. 만약 소자본의 도매사업을 창업하려면 영업판매직원으로 장기간 일하면서 판매기술의 기초부터 배우고 충분한 시장경험을 쌓은 뒤에 도전하는 것이 좋다. 여우사냥은 노련한 사냥꾼들만 할 수 있다는 말은 허튼소리가 아니다.

① 도매업은 반드시 판매경험을 쌓은 뒤에 창업한다.
② 초보 도매업자는 실수를 예상해 작게 시작한다.
③ 초기투자비용을 적게 하고 운영자금을 준비한다.
④ 자리를 잡을 때까지는 빚내서 창업하지 않는다.
⑤ 자본이 없고 신뢰 없는 공급자와 거래하지 않는다.
⑥ 사업성, 상품성, 비전성 있는 상품을 취급한다.
⑦ 초기부터 다양한 종류의 상품을 취급하지 않는다.
⑧ 좋은 상품, 충분한 마진, 적절한 재고를 준비한다.
⑨ 수익성이 좋은 주력상품 한두 가지를 준비한다.
⑩ 인터넷 판매망을 최대한으로 폭넓게 활용한다.
⑪ 대금결제를 수시로 미루는 사람과 거래하지 않는다.
⑫ 직원, 거래처, 공급처 사람들 말을 다 믿지 않는다.
⑬ 가능하면 직영판매점을 두고 기본수익을 확보한다.
⑭ 항상 잘되는 것이 어렵다는 것을 잊지 않는다.
⑮ 기존경쟁자, 잠재경쟁자, 대체경쟁자를 생각한다.
⑯ 시장성이 검증되지 않은 상품은 손대지 않는다.

제조업의 기초상식

① 제품 사업성, 시장성, 수익성을 따져보고 창업한다.
② 제조과정을 충분히 이해할 수 있을 때까지 학습한다.
③ 모르는 분야에 손대지 말고 시장조사 후 창업한다.
④ 경쟁업체를 분석하고 생산기술을 충분히 배운다.
⑤ 경쟁자보다 먼저 신제품을 만들어 시장을 선점한다.
⑥ 판로를 확보하지 않고 시설투자를 하지 않는다.
⑦ 초보생산자는 아웃소싱 생산방법으로 시작한다.
⑧ 제조업은 판매망을 확실하게 준비하고 창업한다.
⑨ 안정궤도에 오를 때까지 운영자금을 준비한다.
⑩ 운영자금의 조달방법으로 가급적 동업은 피한다.
⑪ 납품회사, 정부지원계획을 믿고 창업하지 않는다.
⑫ 능력과 신뢰가 떨어지는 회사와 거래하지 않는다.
⑬ 검증되지 않은 업체의 아웃소싱은 받지 않는다.
⑭ 최대한 제조생산원가를 줄여 제조경쟁력을 갖춘다.
⑮ 검증 안 된 제품, 아이디어상품은 제조하지 않는다.
⑯ 국내시장에서 이겨야 글로벌시장에서도 이긴다.

오늘날 제조생산업의 핵심과제는 판매기술^{세일즈}이다. 생산기술이 훌륭해도 판매기술을 모르면 제조생산업은 실패한다. 아무리 좋은 상품을 생산하는 사람들도 판매기술을 모르면 운영자금 조달의 어려움에 처하고, 유통판매자의 농간에 따른 여러 가지 문제에 부닥쳐 실패한다. 따라서 제조생산업, 가공업을 할 때도

생산기술은 당연히 알아야 하지만 마케팅방법과 판매기술 또한
반드시 알고 창업해야 한다.

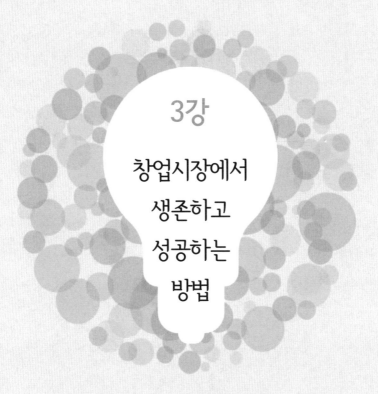

3강

창업시장에서
생존하고
성공하는
방법

3강에서는 창업시장에서 생존하는 법,
사례로 배우는 사업성분석, 창업의 지혜를 학습한다.

확실하게 잘하든가 다르게 창업해라

섹션포인트

오늘날 창업시장에서 성공하려면 기존 창업자들보다 확실하게 잘하든가 다르게 해야한다. 기존 창업자들을 비슷하게 따라해 놓고 성공창업을 기대하는 것은 창업시장을 모르는 하수들의 방법이다. 작게 시작해도 자신만이 색깔, 자신만의 캐릭터를 살리면 성공한다.

고수들은 기존 창업자들보다 경쟁우위의 경쟁력을 갖추기위해 많은 정성을 쏟는다. 고수들은 그렇게 창업해도 오늘날 시장에서 성공하는 것이 어렵다는 것을 알기 때문이다. 오늘날에는 한 분야에서 20년 이상 시장실무경험이 있어야 고수라고 할 수 있다. 20세기 과거에는 10년의 시장실무경험이 있으면 고수라고 할 수 있었지만 세계화, 전문화시대의 오늘날에는 더 많은 지식과 경험과 내공을 쌓고 시장을 꿰뚫어 볼 수 있는 능력을 갖춰야 고수라고 할 수 있다.

　　굳이 고수를 구분한다면 한 분야에서 10년의 내공을 쌓은 사람이면 하급고수, 15년의 내공을 쌓은 사람이면 중급고수, 20년 이상의 지식과 경험과 내공을 쌓은 사람이라야 상급고수라고 할 수 있다. 다양한 시장에서 실무경험과 지식을 쌓고 깨달음이 있어야 고수라고 할 수 있다. 오늘날의 시장은 그만큼 알아야 할 것들이 많아졌고 복잡해졌다는 뜻이다.

　　상급고수도 처음에는 아무것도 모르는 새내기에서 출발해 수많은 시행착오와 실패의 시련을 겪으면서 만들어진다. 전문가로 인정받고 노련한 상급고수가 되려면 다양한 분야에서 20년 이상 내공을 쌓고 탁월한 경영능력이 있어야 한다. 물론 20,

30년을 경험을 했다고 모두 고수가 되는 것은 아니다. 40~50년의 경력이 있어도 사실 고수라고 할 수 없는 사람들이 더 많다. 이 말을 하는 이유는 하수의 초보창업자들은 창업할 때 경거망동하지 말고 더 꼼꼼하고 철저하게 준비해 창업해야 한다는 것을 주지시키기 위함이다. 그렇게 창업해도 하수인 초보창업자들의 창업실패율은 높다. 창업에 매뉴얼이 없기 때문이 없다. 하지만 창업시장경제를 학습하고 꼼꼼하게 준비하면 성공창업을 할 수 있다.

고수는 다르게 창업한다

- 고수는 크게 성공하기 위해 작게 창업한다.
- 고수는 경쟁자를 분석하고 철저하게 준비한다.
- 고수는 잘하거나 다르게 혁신창업을 한다.
- 고수는 창업시장경제를 학습하고 창업한다.
- 고수는 남다른 전략적 차별화창업을 한다.
- 고수는 불황의 시기를 성공의 적기로 본다.
- 고수는 끊임없이 혁신경영을 멈추지 않는다.
- 고수는 집중차별화로 온리원의 기회를 노린다.
- 고수는 혁신적이고 창조적인 모방창업을 한다.
- 고수는 자신만의 캐릭터를 살려 창업한다.

창업목적이 돈을 버는 것이라면 최고전문가가 되고 독특한 전문점을 만드는 일에 전략적이고 적극적이어야 한다. 지식과 문화수준이 높아진 오늘날의 소비자들은 최고전문가, 전문점을 알아보고 찾아간다. 따라서 창업전략의 초점을 경쟁자를 이기는 것에 두는 것보다 남다른 최고전문가, 독특한 전문점에 두는 것이 현명하다. 그래야 경쟁자들과 싸우지 않고 이길 수 있다.

자신만의 색깔을 살린 독특한 창업으로 남들이 대신 할 수 없는 최고전문가, 전문점이 되는 것이 성공하고 장수하는 비결이다. 1등 장사꾼^{최고전문가}은 단시일에 만들어지지 않는다. 창업 후 최고전문가, 독특한 전문점으로 인정받으려면 업종에 따라 5~10년 이상의 시간이 걸려야 한다. 기초를 튼튼히 하고 초기 5년을 버텨내고 10년이 넘어야 비로소 인정받기 시작한다. 시작한 창업이 얼마 안 돼 잘된다고 경거망동하지 말라. 실패를 경험해보지 않은 초보창업자라면 특히 더 조심해야 한다. 교만하고 건방떨면 이룬 것이 여지없이 무너진다.

성공 뒤엔 실패가, 실패 뒤엔 성공이

성공한 후에 실패하지 않고 더 큰 성공으로 이어가려면 기초를 튼튼히 한 건강한 창업을 해야 한다. 만약 창업을 망쳤더라도 실패라고 생각하지 마라. 절망하고 포기하지 않았다면 실패가 아니라 더 큰 성공을 하기 위한 과정이다. 어떤 성공이든 실패든 영구한 것은 없다. 한 번의 실패가 인생의 실패로 이어지는 것은 아니다. 창업을 망쳐 시련과 아픔이 따르더라도 멈추지 않으면 실패가 아니다. 깨달음을 얻고 다시 일어난다면 실패한 사람이 아니다. 어려움 없이 쉽게 시작한 사람들이 교만하다 좌절하고 포기한 실패가 진짜 실패다. 어렵고 힘들게 시작한 사람은 넘어져도 좌절하고 포기하지 않는다.

창업은 젊었을 때 몸으로 부딪쳐 많은 시장경험을 쌓으며 성장해 가는 것이 정석이고 그것이 건강한 창업자 정신이다. 남의 도움으로 쉽게 성공했다면 더 조심해서 성공을 지켜라. 실패의 아픔을 경험해 보지 않고 성공했다면 나약하고 부실한 성공이 될 수 있다. 성공과 실패는 언제든지 바뀐다. 모든 비즈니스는 견딜 만큼의 시련과 아픔이 있다. 견딜 수 없는 아픔과 시련은 없다. 닥친 시련을 참고 이겨내면 반드시 기쁨의 기회가 온다. 어떤 사람들은 때로 운이 좋아 쉽게 성공하지만 그런 요행이 계속되는 것은 아니다.

모든 실패를 피할 수 있으면 좋겠지만 인고의 과정 없이 만들어진 성공은 수명이 짧다. 쉽게 얻는 것은 쉽게 잃는 것이 진리다. 삶에는 순풍만 불지 않고 강풍도 불고 태풍도 분다. 강풍과 태풍의 어려움을 이겨낸 사람들은 어떤 역경도 이겨낸다. 열 번 실패한 사람이라면 열 번을 도전한 사람으로 성공할 가능성이 그만큼 높은 사람이다. 좋은 실패를 버리는 실수를 범하지 마라. 좋은 실패는 성공을 만드는 과정으로 중요하고 값진 자원이다.

삶이 행복해지길 바란다면 낡은 사고방식을 바꿔라. 실패를 겁내지 말고 용기와 자신감을 갖고 고객을 행복하게 만들어주는 방법을 찾아라. 그것이 올바른 창업프로세스다. 통섭^{지식의 통합}을 통하여 한 가지에 집중해 기초가 튼튼한 창업을 하면 성공은 어렵지 않다. 성공의 길을 찾고 큰 성과를 낸 사람들은 대부분 실패의 시련과 아픔을 경험하고 다시 일어나 도전한 사람들이다.

- 좋은 실패를 버리는 실수를 범하지 마라.
- 좋은 실패는 성공을 만드는 과정이고 자원이다.
- 성공사례에서 보듯 성공은 좋은 실패가 만든다.
- 좋은 실패가 신념을 만나면 성공의 뿌리가 된다.
- 좋은 실패를 버리는 것은 자원을 버리는 것이다.

올바른 창업방법을 알고 덤벼라

- 창업은 기초가 튼튼해야 장수한다.
- 작아도 다르고 독특하면 성공한다.
- 시장경제를 알면 성공하는 방법이 보인다.
- 좋은 아이템이라도 맹신하면 실패한다.

- 비전시장을 선택하고 집중하면 성공한다.
- 선택과 집중으로 최고를 만들면 성공한다.
- 차별화전략으로 온리원을 만들면 성공한다.
- 경쟁자를 확실하게 알고 덤비면 성공한다.
- 경쟁자보다 싸구려 창업을 하면 실패한다.
- 성공보다 성장을 중요하게 생각하면 성공한다.
- 변하는 고객을 알고 준비하면 성공한다.
- 고객의 눈으로 시장을 볼 수 있으면 성공한다.
- 시장이 성숙되지 않은 아이템은 창업하지 말라.
- 1등보다 더 빨리, 더 높이 뛰어야 성공한다.
- 쓸모없어 보이는 것에 대박의 기회가 있다.
- 고객의 쓴 소리를 혁신마케팅으로 이용한다.
- 꿈이 있는 사람은 강을 만나면 배를 만든다.
- 작은 성공으로 교만하고 안주하면 실패한다.
- 용기만으론 부족하다. 알고 해야 성공한다.
- 남들이 실패하고 버린 것에도 기회가 있다.

오늘날 창업은 열심히 하는 것만으로는 부족하다. 바뀐 세상과 시장을 알아야 하고 지혜가 있어야 한다. 오늘날 대한민국에서 창업할 때는 지식과 정보만으로 통하지 않는다. 지식과 정보를 요리할 수 있는 기술과 지혜가 있어야 한다. 왜들 창의, 창조, 차별화, 혁신이 필요하다고 야단법석을 떠는지 아는가? 우리가 지금까지 정답으로 생각했던 획일화, 정형화, 품질화에 따른 양적이고 질적인 시대는 지나갔다. 이제는 파괴적 혁신이 필요

_확실하게 잘하든가 다르게 창업해라

한 시대다. 새롭고 독특하고 스마트한 것이 먹히는 개성시대가 된 것이다. 따라서 대한민국의 오늘날 창업시장에서는 혁신적, 창조적 멀티플레이어가 되어야 성공할 수 있다.

작게 시작해 기초를 튼튼히 하고 천천히 키워가는 것이 올바른 창업전략이다. 하수들은 창업초기부터 큰 수익을 내려고 덤벼들다 실패한다. 하지만 고수는 무엇이 중요한지를 알며 결과보다 과정을 중요하게 생각하고 창업한다. 고수들은 창업시장 경제를 학습하고, 기초가 튼튼한 창업, 디퍼런트different한 창업을 준비한다. 그래야 오늘날 성공창업을 할 수 있다는 사실을 알기 때문이다. 기존 창업자보다 준비를 더 잘하든가 다르게 창업해야 한다.

고수와 하수가 창업하는 방법

창업시장경제의 기본도 모르고 경제개념도 없이 창업하면 여지없이 실패한다. 창업자들 중에는 무엇이 중요한지 알고 창업하는 소수의 고수와 무엇이 중요한지 모르고 창업하는 다수의 하수로 구분된다. 따라서 고수는 창업성공확률이 높고 하수는 창업성공확률이 낮다.

하수의 초보창업자들은 좋은 성공과 나쁜 성공, 좋은 실패와 나쁜 실패, 성공창업과 실패창업에 대하여 모른다. 그저 잘될 것이라는 착각에 빠져 덤빈다. 하수들 대부분은 무엇이 중요한지 모르고 열심히만 하면 된다는 생각으로 덤비다 나쁜 실패를 한다. 어쩌다 성공을 해도 그 성공은 훗날 더 큰 실패로 이어지는 화근이 된다. 작은 성공에 취해 만만하게 생각하고 확장한 사업에 발목이 잡혀 더 큰 실패를 하게 되는 것이다.

창업은 어렵게 생각해도 안 되지만 만만하게 생각해서는 절대로 안 된다. 그러나 창업은 분명 만만한 것이 아니지만 이룰 수 없는 것도 아니다. 조금만 더 용기와 자신감을 갖고 전략적으로 도전하면 누구든지 성공할 수 있다. 이때 창업시장을 바로 알고 덤벼야 한다. 창업실패원인은 치열한 경쟁 때문이지만 올바른 창업방법을 모르기 때문이고, 창업계획이 잘못되었기 때문이고, 창업 준비를 잘못했기 때문이다. 창업하는 방법을 바로 알고 준비한 창업은 축복이 되지만 창업하는 방법을 모르거나 틀리게 알고 덤벼든 창업은 저주가 된다. 그래도 모르고 덤벼드는 창업자들은 많다. 안타깝게도 창업시장경제를 학습하고 경험하고 창업하는 사람들은 매우 적다. 대부분의 창업자들은 돈으로 때우지만 먹히지 않는다. 그나마 좋은 실패를 하면 다행이지만 나쁜 실패를 해 더 큰 문제가 된다.

- 작게 시작해 천천히 가는 것이 좋은 창업방법이다.
- 초보자가 규모의 창업을 하는 것은 나쁜 방법이다.
- 실패 후 갚을 빚이 없으면 좋은 실패를 한 것이다.
- 실패 후 갚을 빚이 있으면 나쁜 실패를 한 것이다.
- 편법과 변칙으로 쉽게 한 성공은 나쁜 성공이다.
- 정석대로 원칙경영을 한 성공은 좋은 성공이다.

창업의 두 면을 생각해라. 창업자는 고객의 니즈를 열심히 충족시키지만 정작 자신의 니즈를 충족시키지 못해 실패하는 경우가 있다. 창업은 고객과 창업자의 니즈를 동시에 충족시키는 해법을 찾아야 한다. 창업은 머리가 좋고 공부를 잘한 사람이 성공하는 것이 아니다. 창업시장을 알고 경험을 통해 세상과 시장을 바로 알고 용기 있는 사람이 성공한다.

하수와 고수의 다른 점

① 하수는 죽은 씨인지 산 씨인지 모르고 뿌린다.
   고수는 살아 있는 씨를 확인하고 골라 뿌린다.
② 하수는 창업시장을 학습하지 않고 창업한다.
   고수는 창업시장경제를 학습하고 창업한다.
③ 하수는 제 능력을 모르고 창업계획을 세운다.

고수는 제 능력에 맞춰 창업계획을 세운다.

④ 하수는 사업성분석을 하지 않고 창업한다.

　고수는 사업성분석을 반드시 하고 창업한다.

⑤ 하수는 핵심역량(강점)이 없이 창업한다.

　고수는 자신만의 핵심역량을 살려 창업한다.

⑥ 하수는 시장을 모르고 서둘러 창업한다.

　고수는 시장을 알고 철저히 준비해 창업한다.

⑦ 하수는 경쟁자를 모르고 창업한다.

　고수는 경쟁자를 알고 창업한다.

⑧ 하수는 투자, 지출계획을 안 따지고 창업한다.

　고수는 투자계획, 지출계획을 따져 창업한다.

⑨ 하수는 입지의 중요성을 모르고 창업한다.

　고수는 반드시 좋은 입지를 선택 창업한다.

⑩ 하수는 경쟁력이 부족한 상태로 창업한다.

　고수는 이기는 경쟁력을 갖추고 창업한다.

⑪ 하수는 기교, 술수, 요령으로 변칙경영을 한다.

　고수는 마케팅방법을 알고 원칙경영을 한다.

⑫ 하수는 전통적 과거의 방법대로 창업한다.

　고수는 전통적 과거의 방법을 바꿔 창업한다.

⑬ 하수는 시장변화를 모르고 창업한다.

　고수는 시장변화를 읽고 전략적 창업을 한다.

⑭ 하수는 창업전략의 핵심을 수익창출에 맞춘다.

　고수는 창업전략의 핵심을 고객니즈에 맞춘다.

⑮ 하수는 남들과 똑같은 방법으로 창업한다.

　고수는 창조적 혁신으로 온리원을 만든다.

⑯ 하수는 능력을 초과해 벌리다 실패한다.

　고수는 능력에 맞춰 창업하고 천천히 간다.

⑰ 하수는 창업초기 매출목표를 크게 잡는다.

　고수는 창업초기 매출목표를 낮게 잡는다.

⑱ 하수는 내일의 시장을 모르고 덤빈다.

　고수는 내일의 시장을 알고 창업한다.

⑲ 하수는 소비자를 모르고 창업계획을 세운다.

　고수는 소비자를 분석하고 창업계획을 세운다.

⑳ 하수는 자신감, 창의성, 결단성이 없고 부정적이다.

　고수는 자신감, 창의성, 결단성 있고 긍정적이다.

　하수는 열심히 준비하고 창업하지만 잘못 알고 준비하거나 모르고 준비하기 때문에 실패한다. 알고 시작해도 더 똑똑한 경쟁자, 더 철저하게 준비한 경쟁자, 더 힘 있는 경쟁자를 만나 밀리게 된다. 그것이 달라진 대한민국 오늘날 창업시장의 현실이다. 오늘날은 창조혁신의 시대, 지식경영의 시대, 마케팅과 세일즈의 시대다. 창조적 혁신전략이 아닌 기존의 평범한 창업방법으로 덤벼들면 백전백패한다. 나만의 색깔 있는 독특한 창업을 해야한다.

　날로 점점 더 많은 사람들이 창업하는 것은 하나된 글로벌

시장과 관련이 있고, 취업난과 관련이 있고, 노동의 질과 관련이 있고, 자동화 생산기술과 관련이 있고, 인터넷기술이나 로봇기술과 관련이 있고, 창업문화와 관련이 있고, 인건비 상승에 따른 고용사회 붕괴와 관련이 있다. 세계의 모든 사람들과 경쟁해야 하는 하나된 세계화에 따른 미래의 시장은 더 치열한 경쟁을 예고한다.

성공적으로 창업을 잘하고 있던 창업자들이 실패하는 이유는 강한 경쟁력을 갖춘 창업자들이 새롭게 나타나 도전해 오기 때문이고, 어리석은 창업자들이 민폐를 끼치기 때문이고, 시장을 혼란시키는 나쁜 창업자들 때문이다. 하지만 올바른 창업방법을 알고 도전하면 크게 걱정할 필요가 없다. 올바른 창업방법이란 기초가 튼튼한 건강한 창업을 준비하고 능력에 맞게 창업하는 것이 기본이다. 만약 창업을 실패하더라도 잃는 것보다 얻는 것이 많고 빚지지 않는 좋은 실패를 계산한 창업방법이 올바른 창업방법이다. 창업을 실패하더라도 다시 일어설 수 있는 사람이 진정한 프로이고 삶을 성공적으로 사는 사람이다.

창업사례로 배우는 사업성분석

창업은 사업성분석, 즉 위험성, 수익성, 비전성, 환금성 네 가지 분석을 한 후에 창업여부를 가려 창업해야 실패를 피할 수 있다. 하지만 많은 창업자들은 사업성분석을 간과하거나 제대로 할 줄 몰라 하지 말아야 할 창업을 하고 실패한다. 사업성분석을 먼저 한 후에 창업계획을 세워야 한다.

위험성, 수익성, 비전성, 환금성 네 가지 사업성분석과 창업 포인트를 알고 창업하는 것은 창업의 기본이다. 남들이 잘하고 있는 아이템이라고 나도 잘할 수 있는 것이 아니고, 어제 좋았 던 장사라도 오늘도 잘되는 것이 아니다. 많은 사람들이 좋다고 덤비는 장사는 수익성과 비전성이 없다. 수익성과 비전성이 없 는 사업은 환금성_{투자자금의 회수}도 없다. 특히 소자본 창업자는 더 철저하게 사업성분석을 하고 창업해야 한다. 자원능력이 부족해 작은 위험으로도 실패로 이어지기 때문이다.

위험성, 수익성, 비전성, 환금성 분석

위험성 분석

다음 내용의 위험성분석을 해라.

상품위험성 – 사업성이 없고 과당경쟁상품은 위험하다.
투자위험성 – 투자금이 많고 지출이 많으면 위험하다.
입지위험성 – 아이템과 입지가 맞지 않으면 위험하다.
경쟁위험성 – 경쟁자보다 경쟁이 떨어지면 위험하다.
전략위험성 – 전략이 부재하거나 동일하면 위험하다.

수익성 분석

다음 내용의 수익성분석을 해라.

매출수익성 – 진입기, 성장기, 성숙기의 매출수익은 다르다.
경쟁수익성 – 경쟁자와의 관계를 따져 수익을 분석해라.
지출수익성 – 고정지출, 변동지출을 따져 수익분석해라.
시장수익성 – 시장, 상권, 고객을 따져 수익분석해라.
상품수익성 – 상품성과 마진율을 따져 수익분석해라.

비전성 분석

다음 내용의 비전성분석을 해라.

상품비전성 – 상품성과 가치성의 비전을 분석해라.
소비비전성 – 상품의 필요가치의 비전을 분석해라.
시장비전성 – 시장성과 소비성의 비전을 분석해라.
사업비전성 – 시장규모와 사업성 비전을 분석해라.
경쟁비전성 – 사업능력과 경쟁력 비전을 분석해라.

환금성 분석

다음 내용의 환금성분석을 해라.

사업성의 환금성 – 사업성이 좋으면 환금성이 좋다.

시장성의 환금성 – 시장성이 좋으면 환금성이 좋다.

위험성의 환금성 – 위험성이 없으면 환금성이 좋다.

수익성의 환금성 – 수익성이 좋으면 환금성이 좋다.

비전성의 환금성 – 비전성이 좋으면 환금성이 좋다

오늘 잘되고 있는 사업이라도 오늘 수익성이 좋은 것이지 내일의 수익성까지 보장되는 건 아니다. 시장은 시대에 맞게 바뀌고 고객은 계속해서 변한다. 따라서 오늘은 수익성이 좋지만 비전성이 없다면 창업위험성이 있는 것으로 내일 수익성은 나빠질 수 있다. 이는 흔하게 볼 수 있는 현상이다. 그러므로 적성에 맞고 좋아하는 아이템이라도 시장성, 수익성, 비전성, 환금성을 반드시 따져보고 창업해야 한다. 다시 말해 적성에 맞고 좋아하는 창업아이템이라도 사업성, 즉 시장성, 수익성, 비전성, 환금성이 없는 아이템을 창업하면 실패한다.

좋아하는 일, 잘할 수 있는 일, 적성에 맞는 일이라도 위험성이 없어야 하고, 수익성과 비전성이 있어야 하는 것은 창업의 전제 조건이다. 하지만 많은 창업자들이 이를 간과한다. 적성에 맞고 좋아하는 아이템이라도 반드시 창업타당성분석을 해야 한다. 사업성이 좋은 창업아이템이란 위험성이 없고, 수익성, 비전성, 환금성이 좋은 아이템이다.

다시 말해 창업아이템을 선정할 때는 네 가지 사업성을 먼저 따져본 뒤 적성에 맞고, 자신감이 있고, 관심을 갖던 아이템인가 판단해야 한다. 창업결과는 큰 차이가 아닌 작은 차이에서 승패가 갈린다는 것을 명심해라.

창업사례로 배우는 사업성분석

다음 생계형 창업사례를 통하여 사업성분석의 기본학습을 해보자.

떡볶이 어묵가게 사업성분석

위험성 → 창업위험성 낮음
수익성 → 창업방법에 따라 월수익 100~300만원 가능
비전성 → 미래의 사업 비전성 보통
환금성 → 창업투자자금 회수가능성 높음
사업성 → 시장성 높음, 수익성 보통
론칭기간 → 창업방법에 따라 3~6개월 이상
창업포인트 → 품질경쟁력, 입지선택이 중요하고, 운영비지출을 적게 하는 것이 포인트

호떡가게 사업성분석

위험성 → 창업위험성 낮음
수익성 → 창업방법에 따라 월수익 100~200만원 가능

비전성 → 미래의 사업 비전성 낮음

환금성 → 창업투자자금 회수가능성 낮음

사업성 → 시장성 보통, 수익성 낮음

론칭기간 → 창업방법에 따라 2~3개월 이상

창업포인트 → 품질경쟁력, 입지선택이 중요하고, 비수기 대체상품 준비가 포인트

편의점 사업성분석

위험성 → 창업위험성 보통

수익성 → 창업방법에 따라 월수익 200~500만원 가능

비전성 → 미래의 사업 비전성 보통

환금성 → 창업투자자금 회수가능성 높음

사업성 → 시장성 높음, 수익성 보통

론칭기간 → 창업방법에 따라 4~6개월 이상

창업포인트 → 입지선택이 중요하고, 초보자는 소규모 창업을 계획하고, 운영비지출을 적게 하고, 직원채용관리가 포인트

통닭과 호프집 사업성분석

위험성 → 창업위험성 조금 높음

수익성 → 창업방법에 따라 월수익 200~500만원 가능

비전성 → 미래의 사업 비전성 낮거나 보통

환금성 → 창업투자자금 회수가능성 낮음

사업성 → 시장성 높음, 수익성 보통

론칭기간 → 창업방법에 따라 6개월 이상

창업포인트 → 품질경쟁력, 입지선택이 중요하고, 운영비지
출을 적게 하고, 체인점 선택과 마케팅방법이 포인트

청과물가게 사업성분석

위험성 → 창업위험성 보통 높음

수익성 → 창업방법에 따라 월수익 200~500만원 가능

비전성 → 미래의 사업 비전성 보통

환금성 → 창업투자자금 회수 가능성 낮음

사업성 → 시장성 높음, 수익성 보통

론칭기간 → 창업방법에 따라 6~12개월 이상

창업포인트 → 입지선택이 중요하고, 매장규모가 적합해야
하고, 운영비지출을 적게 하고, 재고관리가 중요하고, 구매원가
를 저렴하게 노력하고 고품질상품준비가 포인트

의류판매점 사업성분석

위험성 → 창업위험성 높음

수익성 → 창업방법에 따라 월수익 200~400만원 가능

비전성 → 미래의 사업 비전성 낮음

환금성 → 창업투자자금 회수가능성 낮음

사업성 → 시장성 높음, 수익성 낮음

론칭기간 → 창업방법에 따라 12개월 이상

창업포인트 → 입지선택이 중요하고, 초보자는 창업규모를

적게 하고, 운영비지출을 적게 하고, 재고관리가 중요하고, 구매 원가를 줄이고, 좋은 상품의 준비가 포인트

위험성 → 창업위험성 보통

수익성 → 창업방법에 따라 월수익 200~600만원 가능

비전성 → 미래의 사업 비전성 높음

환금성 → 창업투자자금 회수가능성 낮음

사업성 → 시장성 보통, 수익성 높음

론칭기간 → 창업방법에 따라 12개월 이상

창업포인트 → 입지선택이 중요하고, 적합한 매장을 준비하고, 운영비지출을 적게 하고, 자전거 마니아를 위한 독특한 상품을 준비하고, 고객관리 서비스 마케팅이 포인트

위험성 → 창업위험성 보통

수익성 → 창업방법에 따라 월수익 200~600만원 가능

비전성 → 미래의 사업 비전성 보통

환금성 → 창업투자자금 회수가능성 보통

사업성 → 시장성 높음, 수익성 보통

론칭기간 → 창업방법에 따라 6~12개월 이상

창업포인트 → 입지선택이 중요하고, 초보자는 미장원규모를 작게 하고, 운영비지출을 적게 하고, 고객관리가 중요하고, 차별

화 마케팅, 경영자 매너가 포인트

부동산중개업 사업성분석

위험성 → 창업위험성 보통

수익성 → 창업방법에 따라 월수익 200~600만원 가능

비전성 → 미래의 사업 비전성 보통

환금성 → 창업투자자금 회수가능성 높음

사업성 → 시장성 높음, 수익성 보통

론칭기간 → 창업방법에 따라 12~24개월 이상

창업포인트 → 차별화 마케팅, 고객관리가 중요하고, 고객에게 신뢰를 쌓는 정직한 경영이 포인트

인터넷 온라인 쇼핑몰 사업성분석

위험성 → 창업위험성 높음

수익성 → 창업방법에 따라 월수익 100~1,000만원 가능

비전성 → 미래의 사업 비전성 조금 높거나 보통

환금성 → 창업투자자금 회수 가능성 낮음

사업성 → 시장성 높음, 수익성 낮음

론칭기간 → 창업방법에 따라 12~24개월 이상

창업포인트 → 창업하기 전 인터넷쇼핑몰에 대한 충분한 이해가 필요하고, 아이템 준비가 중요하고, 고객관리, 쇼핑몰 업그레이드 관리, 운영비지출을 적게 하고, 정직한 마케팅이 포인트

위험성 → 창업위험성 매우 높음

수익성 → 시장성과 수익성 예측 어려움

비전성 → 미래 비전성은 아이템에 따라 좋거나 나쁨

환금성 → 창업투자자금 회수가능성 매우 낮음

사업성 → 사업성 예측 불투명

론칭기간 → 실패가능성 매우 높고 12개월 이상

창업포인트 → 창업성공확률이 매우 낮음, 창업시장경제를 모르는 초보창업자, 생계형 창업자는 아이디어상품, 특허상품을 창업하지 않는다. 만약 창업한다면 시장이 검증되어야 하고 전문가에게 사업타당성분석 지도를 받고 창업하는 것이 포인트

고수들만 아는 창업의 지혜

섹션포인트

고수는 성공창업을 하기 위해 창업의 초점을 시작과 과정에 맞춘다. 하지만 하수는 창업초점을 목표, 즉 성공에 맞춤으로써 위험성이 따른다. 고수는 좋은 시작과 좋은 과정 없이는 좋은 성공도 없다는 것을 알고 대범한 차별화전략의 창업을 한다.

대충 창업해도 돈을 벌 수 있었던 시대는 이제 다시는 오지 않는다. 오늘날은 고객에게 짜릿함, 즐거움, 만족감을 더 주는 차별화가 아니면 먹히지 않는다. 개성 있는 독특함이 최고의 경쟁력이 되는 시대다. 즉 창조적 혁신을 통하여 색깔 있는 창업을 해야 살 수 있다. 고수는 창업경험을 통해서 그 사실을 안다. 따라서 고수는 남다른 차별화 창업전략으로 경쟁우위에 설 수 있는 창업 준비를 철저하게 한다. 하지만 하수들은 이를 모르고 덤벼 실패한다.

대범한 혁신과 차별화가 필요한 때

- 시대흐름을 알고 시장에 맞는 전략을 짜야 한다.
- 자신의 적성보다 사업성을 중요하게 생각한다.
- 경쟁자가 많은 아이템은 마케팅방법을 바꾼다.
- 창조적 모방을 통한 남다른 혁신창업을 한다.
- 누구나 쉽게 할 수 있는 평범한 창업은 피한다.
- 전문지식을 필요로 하는 전문가적 창업을 한다.
- 서두르지 않고 기초를 튼튼히 한 창업을 한다.
- 기존 창업자보다 경쟁우위 경쟁력을 갖춘다.
- 선택과 집중, 차별화전략으로 전문점을 만든다.

- 차별화 프로바이스전략을 세우고 특화한 창업을 한다.
- 새로운 마케팅, 특화전략으로 온리원을 만든다.

고수들은 자신의 성공을 생각하기 전에 고객의 필요와 욕구 충족과 불만을 먼저 파악한다. 고수들은 상품을 구매하는 소비자들이 승자가 되게 한다. 장사를 하든, 사업을 하든, 귀농귀촌을 하든, 무엇을 하든지 고수들은 고객에게 초점을 맞춰야 성공도 따라온다는 사실을 안다. 고수들은 새로운 시장을 찾아 특화전략으로 온리원을 만든다. 고수들은 어제 통했던 마케팅과 세일즈 방법이 오늘은 통하지 않는다는 것을 안다. 따라서 고수들은 과거의 시장을 통해서 오늘의 고객이 원하는 마케팅방법을 전략적으로 구사한다.

오늘날의 고수들은 제품과 서비스를 묶어 새로운 패키지 상품을 만들어 판매하는 프로바이스전략을 구사한다. 제품product과 서비스service의 합성어인 프로바이스provice 전략이란 제품을 판매하는 것에만 그치지 않고 제품과 연관된 서비스를 결합해 판매하는 방법이다. 예를 들면 정수기, 전기 안마기, 가전제품, 의료기기 등의 대여판매방법 등이 있다.

하지만 하수들은 마케팅과 세일즈의 중요성을 모르고 덤빈다. 무엇이 마케팅이고 무엇이 세일즈인지도 모른다. 세일즈는 말 그대로 상품을 판매하는 것이고, 마케팅은 잘 팔고 잘 팔릴 수 있도록 준비하는 것이다. 따라서 세일즈를 알아야 마케팅을 잘할 수 있고, 마케팅을 알아야 세일즈를 잘할 수 있다. 하지만 많은 창업자들은 마케팅과 세일즈에 대한 중요성을 비중 있게 생각하지 않는다. 세일즈는 더 중요하게 생각하지 않는다. 마케팅과 세일즈 능력은 이론학습을 통하여 만들어지지 않는다. 다양한 시장학습을 통하여 만들어진다.

유명한 사람이나 유명한 가게는 판매에 애쓰지 않는다. 애쓰지 않아도 저절로 잘 팔리기 때문이다. 소비자들은 유명한 사람들에게 물건을 사려고 제 발로 찾아간다. 맛있는 음식을 잘 만드는 이름난 음식점이 있다면 팔려고 애쓰지 않아도 전국 각처에서 사람들이 찾아간다. 소문난 닥터가 있으면 아픈 사람들은 천리를 멀다 않고 찾아간다. 야구를 잘하는 선수가 있다면 어디든 찾아가 큰돈을 주고 모셔간다. 입시공부를 잘 가르치는 과외선생님이 있다면 어디든 찾아가서 모셔간다. 신뢰하는 정치가가 있다면 기꺼이 후원금을 낸다. 모두가 이미 잘 준비한 마케팅과 판매기술의 능력 덕분에 애쓰지 않아도 되는 것이다.

생각해 보면 이들 모두 자신의 능력^힘을 파는 세일즈맨이나 다름없다. 유명해지기까지의 노력이 어려운 것이지 한번 유명해지면 가만히 있어도 필요한 사람들이 스스로 찾는다. 이처럼 필요한 사람, 필요한 상품, 필요한 가게를 준비하는 것이 마케팅이다. 따라서 마케팅 준비를 잘하면 힘들이지 않고 세일즈가 된다.

즉 잘 파는 기술이 중요한 것이 아니라 잘 팔릴 수 있도록 준비하는 것이 중요하다. 잘 팔릴 수 있도록 준비를 잘하면^{마케팅} 고객이 몰려들어 잘 팔리게^{세일즈} 되는 것이다.

꽃은 왜 피는가? 꽃은 종족번식을 위해서 핀다고 알고 있다. 종족번식^{필요}을 위해 꽃을 피우는 준비가 바로 마케팅이다. 창업의 목적은 돈을 잘 벌려는 것이고, 그러려면 고객이 스스로 찾아오게 만들어야 한다. 유명한 최고의 전문가, 전문점을 만들어 고객의 마음을 빼앗아야 한다. 그와 같은 노력과 준비가 마케팅이다. 다시 말하지만 마케팅^{판매를 위한 준비}만 잘하면 세일즈^{판매}는 절로 된다. 힘^{노력}만 쓰지 말고 머리를 써야 한다. 장사꾼^{창업자}에게 장사의 지혜는 이익을 만드는 수단이다. 장사의 지혜는 시장경험의 깨달음을 통해서 터득하기도 하고 시장경제학습을 통해서 습득할 수도 있다. 무엇을 하든지 미쳐야 한다. 미치지 않아서 못하는 것이고, 미치지 못해서 안 되는 것이다. 지식은 바깥에서 터득하는 것이고, 지혜는 지식을 통해서 스스로 깨닫는 것으로 둘 다 중요하다.

5

덤비다, 건방떨다,
우물쭈물하다 실패한다

　　창업시장경제를 모르는 20대 새내기 창업자들은 덤비고 까불다 실패하고, 세상을 좀 살아봤다는 30~40대 창업자들은 세상을 다 아는 것처럼 건방떨다 실패하고, 한 시대를 살며 쓴맛, 단맛을 본 50~60대 사람들은 우물쭈물 망설이다 시작도 못하고 인생을 실패한다.

지금 이 책의 독자가 삼포세대^{연애, 결혼, 출산 세 가지를 포기하고 사는} ^{주로 30대의 청년}이거나, 88세대^{월평균 88만원의 급료를 받고 사는 비정규직}이거나, 50~60대의 반퇴자^{더 일해야 하는 은퇴자}들로 창업을 계획하고 있다면 덤비지 말고, 까불지 말고, 건방떨지 말고, 우물쭈물 망설이지 말라. 자칫 인생까지 망칠 수 있다.

덤비고, 까불고, 건방떨고, 우물쭈물하지 않으면 첫발을 내딛는 용기는 삶을 희망적으로 바꿔줄 것이다. 하지만 무엇이 중요한지 제대로 알고 도전해라. 아무리 작은 창업을 하더라도 창업시장경제, 창업하는 방법을 이해하고 제대로 준비하고 적극적인 자세로 자신감을 갖고 도전해야 성공할 수 있다.

창업시장경제를 아는 창업자는

- 스스로를 믿으며 할 수 있다는 자신감이 충만하다.
- 긍정적, 전략적이며 결과보다 시작을 중요시 한다.
- 창업시장을 분석하고 필요한 경쟁력을 갖춘다.
- 작게 시작하더라도 철저하게 준비하고 창업한다.
- 용기, 자신감, 신념, 의지를 가지고 창업한다.
- 덤비고, 까불고, 우물쭈물 망설이지 않는다.

고수들은 철저하게 준비한다

- 창업시장경제와 창업의 지혜를 학습한다.
- 과거시장과 현재시장을 조사하고 계획한다.
- 창업할 지역의 경쟁자를 조사하고 분석한다.
- 창업전문가에게 창업계획을 상담지도 받는다.
- 전문가에게 창업입지분석을 상담지도 받는다.
- 가치 있는 것은 주저하지 않고 대가를 치른다.

기업체들은 왜 전문가에게 비싼 대가를 치르고 컨설팅을 받을까? 창업시장경제를 모르는 소자본 창업자들은 왜 창업컨설팅을 받지 않고 한권의 창업도서도 읽지 않을까? 하나가 된 글로벌시대에 창업시장경제를 아는 것은 정말 중요해졌다. 학교에서 배운 기본지식이나 사회에서 터득한 기초상식만 가지고는 급변하고 있는 글로벌시장에서 경쟁자의 벽을 넘기란 역부족이다. 경영 경제학을 전공했든 경영학 교수를 했든 창업능력의 차이는 별반 없다.

건방진 말로 들릴 수 있지만, 저자아버지는 창업을 준비하는 사람, 창업한 사람을 만나 이야기를 해보면 그들이 향후 언제 어떻게 성공하고 실패할지가 보인다. 어떤 사람에게는 성공할 모습이 보이고, 어떤 사람에게는 실패할 모습이 보인다. 언제 왜 실패할 것인지를 알 수 있다. 어떤 사람은 작게 성공할 모습이 보이고, 아주 드물게 어떤 사람에게는 크게 성공할 모습이 보인다. 그러나 많은 사람들에게서는 희망이 보이지 않는다. 모두들 착각 속에 꿈을 안고 창업한다. 감히 말하지만 건강한 정신, 바른 계획과 철저한 준비가 없으면 어떤 사람도, 기업체도, 공동체도, 국가도 실패한다. 특히 생계형 창업자들은 창업하는 일에 앞서 사고방식과 패러다임을 바꾸고 시장경제, 창업지식과 지혜를 학습하려는 마음가짐이 있어야 한다. 시장경험이 많은 프로는 그것을 안다.

좋은 기회는 늘 엉뚱한 사람들이 차지한다

- 위험한 것에 좋은 기회가 있다.
- 불확실한 것에 좋은 기회가 있다.
- 남들이 외면하는 것에 좋은 기회가 있다.
- 남들이 버린 것에 좋은 기회가 있다.
- 남들이 틀렸다는 것에 좋은 기회가 있다.
- 남들이 모르는 방법에 좋은 기회가 있다.
- 비상식적인 것에 좋은 기회가 있다.
- 해보지 않은 것에 좋은 기회가 있다.
- 엉뚱한 생각과 행동에 좋은 기회가 있다.
- 존재하지 않는 미래에 좋은 기회가 있다.

"어떤 사람은 현실을 보고 왜 그런지 묻는다. 그러나 나는 존재하지 않는 미래를 바라보며 왜 그렇게 할 수 없는지 Why not

를 묻는다."

-영국의 극작가, 소설가 조지 버나드 쇼-

- 의문을 가지고 질문을 해야 인생이 바뀐다.
- 질문을 잘하면 희망이 있는 답을 찾을 수 있다.
- 창의적 질문을 하면 창의적 답을 찾을 수 있다.
- 생각을 바꾸고 질문방법을 바꾸면 찬스가 온다.
- 긍정의 질문을 하면 희망과 성공을 만난다,
- 부정의 질문을 하면 기회도 성공도 없다.
- 단단히 각오하고 시작해라, 실패할 수 있을 테니

4강

기업처럼 전략적
창업을 해라

4강에서는 창조적 모방의 전략적 창업, 파괴적 혁신,
착한가게 오픈하는 방법을 학습한다.

창조적 모방의 전략적 창업이 해법

이제는 창조적 모방의 전략적 창업을 해야 성공할 수 있다. 기존 창업자들을 따라하는 모방이 아닌 창조적 모방의 전략적 창업을 해야 한다. 기업체들의 창업방법이나 마케팅방법을 계획적으로 모방하는 창업전략이 오늘날 생계형 창업자들이 성공할 수 있는 창업방법이다.

성공한 창업자들에게서 볼 수 있듯이 성공한 창업자들은 창조적 모방의 전략적 창업방법으로 성공했다. 모든 창조행위를 보면 99%가 창조적 모방을 통해서 창조된다. 따라서 기존에 성공한 창업자들을 모방하되 똑같이 따라하는 모방이 아닌 창조적 모방을 해야 한다. 똑같이 카피한 창업 베끼는 창업은 실패하거나 실패하지 않더라도 수익성이 적은 창업이 될 수 있다. 창조적 모방의 전략적 창업이란 다양한 분야의 마케팅전략이나 상품에서 아이디어를 찾아 새롭고 독특한 것을 만들어내는 창업전략으로 경제성과 성공률이 높다.

기존에 성공한 창업자들이 항상 시장을 지배하는 것은 아니다. 기존에 성공적인 창업자들도 신규 창업자에게 밀리는 경우가 많다. 고수들은 창조적 모방의 전략적 창업을 한다. 특히 21세기 오늘날은 새롭게 사고하고 다르게 디자인하지 않으면 기존 창업자들의 벽을 넘기 어렵다. 따라서 생계형 창업을 할 때는 기업체들의 창업방법을 모방해 창업하는 것이 좋다

혁신적이고 독특한 사고방식이 해법

생계형 창업일수록 전략적 모방을 해야 성공확률이 높아진다. 생각과 방법과 행동이 혁신적이고 독특하지 못하면 경쟁자를 이길 수 없다. 좋은 업종이나 아이템을 창업한다고 성공하는 것이 아니다. 남다르고 독특한 사고방식이 필요하다. 해묵은 사고방식을 바꾸는 것은 성공창업으로 나가는 출발점이다. 즉 무슨 일을 하든지 남들과 비슷하게 생각하고, 비슷하게 계획하고, 비슷하게 준비하면 성공할 수 없다. 생계형 창업을 하더라도 시대에 맞는 창조적 혁신과 긍정적이고 적극적인 열정이 있어야 한다. 평범하고 편협한 낡은 사고방식으로는 고객을 만족시킬 수 없고 경쟁에서 이길 수 없다. 치열한 경쟁시장에서는 혁신하고 차별화하지 못하면 통하지 않는다. 관점을 바꾸고 생각을 바꾸고 방법을 바꿔야 독특한 혁신창업이 된다. 오늘날에는 남들이 상상할 수 없는 것을 상상해야 한다.

장사도 창조적 모방창업이 솔루션

장사도 창조적 모방의 전략적 창업을 해라. 창업은 새로운 길을 만들어가는 여정이다. 창업은 새로운 길을 만들어본 사람, 즉 경험 있는 사람이 유리하다. 짧은 시간에 적은 비용과 노력으로 큰 성과를 만들어내는 능력이 필요하다. 특히 자원과 능력이 부족한 생계형 창업자가 새로운 길을 만들려면 자원은 고갈되고 힘이 부족해 넘어진다. 따라서 자원이 적고 경영능력이 부족한 생계형 창업자들은 시간과 비용을 절약하는 창조적 모방의 전략적 창업을 해야 한다. 다시 말해 성공한 기존 창업자들을 따라하지 말고 그들의 상품이나 마케팅방법을 전략적으로 모방함으로써 시간을 벌고 비용을 줄여야 한다. 기존 창업자들을 이기려면 관점과 마케팅방법을 바꾸는 전략적 모방창업이 관건이다.

창조적 모방의 전략적 창업을 하려면

- 모방하려는 시장, 아이템을 조사하고 분석하고
- 기존 경쟁자를 분석하고 시장을 관찰 학습하고
- 소비자 분석을 통하여 원하는 것을 파악하고
- 상품이나 마케팅방법을 계획적으로 모방하고
- 사업성, 위험성, 수익성, 비전성을 분석하고
- 모방의 성과물보다 과정을 중요하게 생각하고
- 무리하게 능력을 초과하는 모방은 하지 말고
- 창조성, 탁월성을 쫓다 실용성을 놓치지 말고
- 한 번으로 끝내려 하지 말고 지속적으로 하고
- 경제적으로 이익이 되는 모방을 해야 한다.

창조적 모방의 전략적 창업의 관건은 경쟁자의 관찰을 통해 새롭고 독특한 가치를 만들어내는 것이다. 즉 경쟁자의 업종, 아이템, 품질, 가격, 포장, 디자인, 입지, 인테리어, 고객서비스, 광고홍보, 전문성 등을 깊이 관찰하여 새로운 아이디어로 신상품을 만들고, 새로운 마케팅전략으로 새 가치를 만들어 소비자들에게 제공해야 한다. 모방을 통한 전략적 창업을 하려면 다양한 분야에 부딪쳐서 많은 경험을 쌓아야 하고, 시장학습과 전문가 지도를 받고 과거시장과 현재시장을 이해하고 미래시장을 내다봐야 한다. 창조적 모방의 전략적 창업은 싸워 이기는 것이 아니라 싸우지 않고 이기는 기술이다.

창조적 모방창업 3단계 프로세스

1단계 → 모방할 대상을 선택한다.
모방할 상품, 전략, 특성을 선택, 관찰, 분석한다.
2단계 → 아이디어를 찾는다.
상품, 전략, 특성에서 모방할 아이디어를 찾는다.
3단계 → 아이디어를 종합하여 새 아이디어를 만든다.
아이디어의 특성, 전략을 종합하고 창조한다.

좋은 모방은 무엇을 모방할까보다 어떻게 모방할까를 과제로 삼는 것이다. 고부가가치 상품은 마케팅전략과 창업모델을 혁신할 때 만들어진다. 주위 사람들, 이종 간의 사업자들과 모방창업의 아이디어를 찾는 것도 좋은 방법이다. 콜라보collaboration / 합작, 협력, 합동, 공동작업 효과를 노리는 것이다.

오늘날은 판매가 중요해진 시대

독특한 경쟁자, 규모의 경쟁자, 글로벌 경쟁자들이 밀려온다. 대한민국의 21세기 오늘날은 내 지역의 경쟁자들과 싸워서 이기기만 하면 되는 것이 아니다. 타 지역 경쟁자, 국내 모든 경쟁자, 전 세계 모든 경쟁자들과 경쟁해야 하는 시대다. 따라서 국제간의 경쟁도 간과하면 위험하다. 대한민국은 지금 미국, 중국, 일본, 독일, 영국 등 6대주의 모든 나라들과 직간접적으로 경쟁하고 있다. 앞서 학습한바 있지만 이제는 양적생산과 질적생산의 경쟁시대를 지나 판매세일즈가 중요해진 시대다. 따라서 21세기 오늘날은 시장을 꿰뚫어보고 판매위주의 창업전략을 짜야 한다. 즉 품질위주의 창업전략을 넘어 판매를 잘할 수 있는 판매위주의 창업전략에 집중해야 한다. 판매혁신전략을 구사하면 힘들이지 않고 판매를 잘할 수 있다. 오늘날의 힘 있는 기업체들은 생산에 집중하지 않는다. 생산은 아웃소싱하고 마케팅방법을 연구하고 집중한다.

어느 날 새로운 강자가 나타나 잘나가던 기존 사업자들을 무너뜨리고 시장을 장악한다. 파워풀한 능력으로 파괴적 혁신을 통한 규모의 경영전략, 독특한 상품정책, 디퍼런트한 마케팅, 차별화된 세일즈방법으로 밀어붙인다. 곧 판매혁신전략으로 공격한다. 따라서 이렇게 다양한 경쟁자를 이기고 방어하기 위해서는 내가 먼저 판매방법을 혁신해야 한다. 이제는 생계형 장사도 판매방법을 혁신하고 집중하지 않으면 성공은 물론 생존할 수조차 없다.

실질적인 사례로 하나의 외국계 햄버거점, 커피전문점이 수십, 수백 곳의 외식시장, 커피숍을 잠식해 버리고미국의 맥도날드 햄버거, 스타벅스 등, 하나의 외국계 대형의류점이 수백 곳의 의류매장을 먹어 버리고일본의 유니클로 등, 하나의 외국계 가구점이 수백 곳의 가구점을 초토화 시키고미국의 이케아 가구 오프라인, 온라인 몰 등, 하나의 외국계 가전회사가 가격전략으로 밀어붙이고중국의 하이얼 전자회사 등, 중국의 괴물 쇼핑몰 알리바바의 진격은 바로 이웃한 우리 대한민국의 시장을 긴장시키며, 400곳이 넘는 전국의 대형 마트홈플러스, 이마트, 롯데마트, 하나로 마트 등가 수천, 수만의 편의점, 음식점, 잡화점, 완구점, 문구점, 가구점, 의류판매점 등을 잠식해 버리고 있다. 오늘날 창업의 대응전략은 판매방법의 혁신에 있다. 판매가 매우 중요해진 시대다.

- 남다른 사고가 있을 때 성공하는 창업을 할 수 있고
- 기존 시장을 확대할 때 성공하는 창업을 할 수 있고
- 판매방법을 바꿀 때 성공하는 창업을 할 수 있고
- 혁신전략이 있을 때 성공하는 창업을 할 수 있다.

생계형 장사도 기업처럼 창업해라

- 생계형 장사도 기업처럼 창업해야 살 수 있다.
- 기회는 불가능해 보이고 비상식적인 것에 있다.
- 보수적이고 부정적인 창업자들에게 기회는 없다.
- 성공은 엉뚱하고 창조적인 사람들의 점유물이다.
- 창조적 혁신보다 전통과 관행에 머물면 실패한다.
- 혁신은 사고방식만 바꿔도 좋은 성과를 얻는다.
- 남이 가는 길을 따라가는 창업자에게 기회는 없다.
- 상품이나 전략에 엉뚱한 생각을 더하면 기회가 된다.
- 거꾸로 보고, 비틀어 보고, 더해보고, 빼보고, 엉뚱하게 생각하고, 상식 밖으로 생각할 때 혁신적이고 창조적인 아이디어가 나온다. 생계형 장사는 기업들이 할 수 없는 것을 찾아하면 대성할 수 있다.

시장에서 오래 일하고 경험이 많은 사람들은 크게 성공할 가능성이 낮다. 파괴적 혁신을 이끌어내고 시장에서 최고가 되는 사람들은 딴 곳에서 나타난 엉뚱한 사람들이다. 마찬가지로 전문성을 가진 사람들도 크게 성공할 가능성이 낮다. 크게 성공한 사람들은 전문지식을 갖춘 전문가들보다 아무것도 모르고 덤벼든 엉뚱한 사람들이다. 이리 재고 저리 재다 끝나는 전문가들보다 지식과 경력이 적어도 용기 있게 도전하는 사람이 더 크게 성공한다.

창업의 목표는 알고 하든, 모르고 하든, 이렇게 하든, 저렇게 하든, 남에게 피해를 안주고 성공하는 일이다. 쟁쟁하던 기존 창업자들이 어느 날 힘없이 무너지는 것은 변하는 시장을 보지 못하고, 느끼지 못하고, 혁신을 간과했기 때문이고, 혁신을 시도 했지만 능력부족으로 창조적 차별화를 만들어내지 못하고, 판매 준비를 잘못했기 때문이다. 생계형 창업자들도 기업처럼 혁신적 이고 창조적일 때 성공할 수 있는 시대가 되었다. 혁신은 대단 한 변화만을 필요로 하는 것이 아니다. 사소한 작은 변화만으로 도 좋은 성과를 얻을 수 있다.

해묵은 창업의 틀을 깨라

대한민국 오늘날 창업의 틀은 20세기 시장경제가 만들어 놓은 틀이다. 그 창업의 틀은 어제 창업자들의 생각이고 방법으로 오늘날에는 효용성이 떨어지는 낡은 창업의 틀일 수 있다. 오늘날 창업시장에서는 어제의 낡은 틀을 바꾸고 오늘의 고객들이 원하는 새 틀을 짜야 한다.

오늘날 창업의 관건은 새로움과 독특함이다. 어제의 낡은 틀을 과감하게 바꿔 전통적인 것에서 탈피해야 한다. 창업의 새 틀을 짜려면 시장의 관찰을 통하여 왜라는 창의적 질문부터 해라. 질문을 통하여 올바른 좋은 답을 찾고 새 틀을 짜야 한다.

왜 창업하는가?

왜 창업자 10명 중 7명씩이나 실패하는가?

왜 남다른 차별화 창업을 해야 하는가?

왜 창조적 모방의 전략적 창업을 해야 하는가?

왜 장사는 입지가 중요한가?

왜 해묵은 전통 방법으로는 불리한가?

왜 다양한 경쟁자를 알고 창업해야 하는가?

왜 글로벌시장을 이해해야 하는가?

왜 작게 시작하고 천천히 키워야 하는가?

왜 지식경영과 솔루션 마케팅이 필요한가?

왜 기업체들은 창업성공률이 높은가?

성공은 행동이 만들고, 행동은 생각이 만들고, 생각은 질문이 만든다. 질문을 통하여 필요한 답을 찾으면 성공할 수 있다.

- 아이들처럼 질문해라.
- 아이들 사고방식을 벤치마킹해라.
- 아이들처럼 단순해라.
- 아이들처럼 엉뚱하게 생각해라.
- 아이들처럼 즐기고 좋아해라.
- 아이들처럼 과거를 잊어버려라.
- 아이들처럼 집중하고 몰입해라.

오늘날은 어떻게 하면 창업을 성공할까 고민하는 것보다, 어떻게 하면 창업을 실패하지 않을까 고민하는 것이 중요하다. 강한 사람이 아니라 적응하는 사람이 살아남는다는 말처럼 시대에 맞게 변하지 않으면 파멸을 자초할 수 있다는 것을 진화론을 통해서 배웠다. 상품은 전통적이라도 마케팅방법은 혁신적이라야 한다.

- 관행을 바꿔라. 바라보는 방법을 바꿔라.
- 다르게 생각해라. 생각을 입체적으로 해라.
- 의문을 가지고 질문해라. 질문방법을 바꿔라.
- 왜 그럴까 질문해라. 남다른 생각을 해라.
- 달라진 창업시장을 알고 새 틀을 짜라.
- 고객을 알고 경쟁자를 알고 새 틀을 짜라.

4강 **기업처럼 전략적 창업을 해라**

더 좋은 방법이 없는지 생각을 비틀어 봐

- 사고방식을 바꾸면 평범한 사람에게도 기회가 온다.
- 패러다임을 바꾸는 것이 혁신창업의 시작이다.
- 창조적 아이디어는 비평을 받지만 잊어버려라.
- 혁신창업은 고객과 경쟁자의 통찰이 먼저다.
- 엉뚱하게 생각하고 상식 밖으로 생각해라.
- 기회는 전문가보다 늘 엉뚱한 사람이 차지한다.

해묵은 창업의 틀을 깨는 여덟 가지 방법

1. 해묵은 관점의 틀을 깨라

엉뚱한 사람이 성공하는 이유는 엉뚱함 속에 독특함, 신선함이 있기 때문이다. 관점의 틀을 깨는 방법은 많은 것을 보고 경험하고 깨닫는 것이다. 보던 것만 보고 아는 것의 틀을 벗어나지 못하면 창조적 혁신을 이끌어낼 수 없다. 못 보던 것을 많이 보고, 많이 부딪쳐 경험하고, 많이 배워야 해묵은 관점의 틀을 깰 수 있다. 관심을 갖고 많은 것을 보고 남들이 생각하는 반대로 생각하고, 상식 밖으로 생각하면 해묵은 관점의 틀을 깰 수 있다. 남들과 같은 관점으로는 독특하고 새로운 아이디어를 얻을 수 없다. 해묵은 관점을 틀을 깨라.

2. 해묵은 전통의 틀을 깨라

한 예로 전통시장이 대형마트보다 장사가 안 되는 이유는 해묵은 전통방법의 틀을 벗어나지 못하기 때문이다. 힘들어도 해묵은 전통의 틀을 깨야 한다. 어제의 전통적인 마케팅방법이 오늘의 고객을 만족시키는 것이 아니다. 전통적인 마케팅방법이 때로는 필요하지만 대부분의 고객들에게는 불편하고 식상하다. 따라서 전통의 틀을 유지하면 고객의 새로운 니즈를 충족시키기 어렵다. 급변하는 시장, 달라진 고객의 필요와 욕구를 알고 다르고 편하게 준비하는 마케팅방법이 이기는 경쟁력이다. 해묵은 전통의 틀을 깨지 못하면 경쟁에서 밀리고 실패하게 된다.

3. 해묵은 원칙의 틀을 깨라

시간이 지나면 원칙은 때로 방해가 된다. 때와 장소에 따라 창업의 원칙도 때로는 경쟁력을 잃을 수 있다. 해묵은 장사의 원칙, 창업의 원칙, 마케팅의 원칙을 의심하고 이 시대 고객의 관점에서 생각을 바꿔봐라. 시장흐름과 고객을 읽고 뒤집고, 비틀고, 바꿔 원칙의 틀을 바꿔보면 고객이 원하는 독특한 방법을 찾을 수 있다. 해묵은 원칙의 틀을 벗어나지 못하는 것은 성공을 어렵게 하는 원인이 되기도 한다.

4. 해묵은 전략의 틀을 깨라

과거의 낡은 창업전략의 틀을 깨고 새로운 혁신창업전략의 틀을 만들어라. 창업의 모든 경쟁력, 아이템, 입지, 점포, 가격, 연출, 광고홍보, 서비스, 마케팅전략의 해묵은 틀을 깨라. 가격 파괴 전략은 이미 오래 전부터 많은 사람들이 시도하는 해묵은 창업전략으로 경쟁력이 떨어지고 이익이 적은 하수들의 전략이다. 창업규모가 작아도 전략이 혁신적이고 독특하면 성공한다. 창업전략이 새롭거나 독특하지 못하고 남들이 하는 방법을 따라하는 것은 성공할 수 없는 나쁜 창업전략이다. 어디로 가는지 모르고 남의 뒤를 따라가면 원하지 않는 곳으로 가게 된다. 남들 모두가 구사하는 해묵은 창업전략보다 남들이 하지 않고 할 줄 모르는 새로운 창업전략을 찾으면 성공한다. 무엇을 팔든 많이 판매하는 것만 좋은 전략이 아니다. 덜 팔고도 많은 수익을 내는 전략이 더 좋은 전략이다.

5. 해묵은 용도의 틀을 깨라

해묵은 용도를 새로운 용도로 바꿔 봐라. 새로운 찬스가 온다. 어떤 소비자가 어떤 상황에서 어떤 문제를 해결하려고 하는지 분석하고 파악해라. 고객이 왜 새로운 상품을 찾는지, 왜 특별한 상품을 찾는지, 왜 없는 상품을 찾는지 관심을 가지고 살펴라. 해묵은 용도의 틀을 깨는 것은 틈새시장, 잠재시장, 대체시장을 선점하는 찬스다. 엉뚱한 사람의 엉뚱한 생각은 보통 사람들이 지나쳐 버린 것에서 가치를 찾는다. 상품의 용도를 바꿔 세계적으로 대박을 터트린 경우는 많다.대표적으로 3M의 포스트잇 해묵은 상식은 가치가 적다. 보통 사람들은 상식의 틀을 넘으려는 생각조차 않는다. 보통사람들의 패러다임이다. 해묵은 상식의 틀을 깨기 위해서는 창의력과 열정과 파괴적 혁신이 필요하다. 남들이 비웃어도 웃어넘길 수 있는 자신감과 용기가 필요하다. 상식의 틀을 깨는 속도도 중요하다. 틀을 깨는 속도가 느리면 기회를 경쟁자에게 빼앗기기 때문이다. 그러므로 지나치게 신중한 것은 살아가는 데 방해가 된다. 장고 끝에 악수를 두는 일이 발생한다. 21세기는 생각의 속도, 결단의 속도, 추격과 추월의 속도가 빨라야 한다. 달라진 상식이다. 상식의 틀을 바꿀 때 새로운 시장이 보이고 높은 부가가치가 창출된다.

해묵은 시장의 틀을 과감하게 깨라. 현재는 과거시장의 틀을 깨고 차별화하지 못하면 죽는다. 차별화의 목적은 고객을 위한 것이다. 맹목적으로 고객과 함께한다는 것은 아무런 효과가 없다. 해묵은 시장의 틀을 깨고 고객이 원하는 이상의 파괴적 혁신으로 고객에게 사랑받아야 한다. 경쟁자들이 많이 몰리는 시장은 대체로 수익성이 낮고, 경쟁자가 적은 틈새시장, 잠재시장앞으로 수요가 일어날 가능성이 높은 시장은 수익성이 높다. 해묵은 과거시장의 틀을 깨고 새로운 현재시장에서 온리원을 만들어 고객을 끌어당겨라.

8. 해묵은 경쟁방법의 틀을 깨라

경쟁하고 싸워 이기는 방법보다 경쟁하지 않고 이기는 방법이 훨씬 좋은 방법이다. 창업은 상대적 경쟁이다. 대부분의 창업 실패원인은 경쟁자에게 밀리기 때문이다. 만약 경쟁자가 없는 시장에서 창업한다면 아무 곳에서 아무렇게 창업해도 성공한다. 하지만 경쟁자가 없는 시장은 없다. 자원과 능력이 부족함이 없는 창업자가 창업을 해도 더 파워풀한 새로운 능력의 경쟁자를 만나면 실패할 수 있다. 그러나 경쟁을 피하는 한 가지 방법이 있다. 파괴적 혁신전략을 통하여 경쟁하는 방법의 틀을 바꿔 시장을 선점해 온리원을 만드는 것이다. 경쟁을 피해 싸우지 않고 시장을 선점해 이기는 파괴적 혁신방법을 준비하는 것이다.

해묵은 틀을 깨는 여덟 가지 방법을 잊어버리지 말라. 대한민국 21세기 오늘날은 기존 경쟁자, 대체경쟁자, 잠재경쟁자 모두를 조심해야 한다. 그렇지 않으면 성공창업은 요원하고 성공한 창업자도 실패한 창업자로 바뀐다. 늘 긴장하고 깨어있어야 한다. 해묵은 틀을 깨고 새로운 혁신경영능력을 갖추는 것은 실패를 피하는 방법이고 성공창업을 이어가는 방법이다.

파괴적 혁신, 충실성전략과 편의성전략

파괴적 혁신은 새로운 기회의 창조이고 충실성전략과 편의성전략은 창업의 중요한 마케팅방법이다. 없는 상품이 없고 없는 장사가 없는 오늘날은 어떤 창업을 하든지 쉽지 않다. 창업자의 84%가 10년을 못 버티는 오늘날은 마케팅혁신을 통하여 독특함을 만들어내야 한다.

혁신하지 않으면 변할 수 없고 변하지 않으면 성공할 수 없다. 창업자들 중에는 기존 창업자들의 마케팅방법을 관찰하고 분석하는 혁신을 통하여 독특한 창업을 준비하는 창업자들이 성공한다. 즉 프로들은 파괴적 혁신을 통하여 비전형 창업을 준비한다. 21세기 창업의 생존과제는 혁신창업전략에 있으며 이는 오늘날 창업자들이 살아남기 위해 반드시 알고 구사해야 하는 전략이다. 파괴적 혁신을 하려면 종합적인 혁신능력이 있어야 한다. 따라서 초보창업자들이 파괴적 혁신창업을 하려면 먼저 과거시장과 현재시장을 알아야 한다. 새내기 초보창업자들은 창업지식과 지혜를 학습하고 창업전문가지도를 받고 창업하는 것이 좋다.

혁신을 통하여 온리원을 만들면 대박이다. 그때의 혁신은 강도가 낮은 존속적 혁신이 아닌 강도가 높은 파괴적 혁신을 해야 한다. 창업전략과 마케팅방법을 혁신적으로 바꿔 고객의 새로운 욕구와 그 이상을 만족시키는 파괴적 혁신창업을 해야 한다.

진짜 프로들은 창업자본이 적어도 평범한 싸구려 창업을 하지 않는다. 파괴적 혁신을 통하여 작아도 독특한 창업으로 온리원을 만든다. 하지만 초보창업자들은 창업시장을 제대로 모르고

3_ 파괴적 혁신, 충실성전략과 편의성전략

부족한 창업능력으로 평범한 창업을 해놓고 성공을 기대하지만 얼마 못가 실패한다. 어떤 사람이 파괴적 혁신전략으로 대박창업을 하겠다고 말하면 미쳤다고 하지 마라. 어떻게 하려는지, 내가 그렇게 한다면 어떻게 하는 것이 좋을지 관심을 갖고 관찰하고 분석하고 고민하는 사람이 더 희망적인 사람이다.

앞서 말했지만 혁신에는 존속적 혁신과 파괴적 혁신이 있다. 존속적 혁신은 혁신의 강도가 약하고 _{혁신이라고 할 수 없고} 파괴적 혁신은 혁신의 강도가 강한 혁신이다. 강도가 강한 파괴적 혁신 창업은 새로운 신규시장을 창출하거나 기존 시장을 재편할 수 있다. 강도가 강한 파괴적 혁신창업을 하려면 관점과 해묵은 사고방식을 바꿔라. 경쟁자들의 기존 상품을 조금 개선하거나 바꾸는 것은 파괴적 혁신이 아니라 존속적 혁신이다. 자신의 기준에서 혁신이 아니라 고객의 관점에서 혁신인가를 생각해야 한다.

혁신은 안 해도 망하고 해도 망할 수 있다

혁신에는 시장에 통하는 혁신이 있고 통하지 않는 혁신이 있다. 혁신은 아이디어만 새롭고 독특하면 되는 것이 아니다. 혁신이 성공하려면 시장의 수요가 있어야 한다. 즉 시대와 시장이 요구하는 혁신을 해야 한다. 위험성이 없어야 하고 상품성, 수익성, 비전성이 있어야 한다. 강도가 강한 파괴적 혁신을 하려면 소비자들이 해결하려는 문제를 이해하고 새로운 상품^{제품이나 서비}스을 만들어내는 마케팅혁신을 해야 한다.

- 서로 다른 아이디어가 결합하면 혁신이 된다.
- 생각을 혁신하면 파괴적 아이디어가 생긴다.
- 파괴적 혁신은 배고픈 사람들한테서 나온다.
- 새로운 창조는 강한 파괴적 혁신이 만든다.
- 큰 변화만 혁신이 아니고 작은 변화도 혁신이다.

혁신창업에 필요한 조언

① 혁신창업을 기획해야 성공확률이 높아진다.
② 시장을 꿰뚫어보고 혁신창업전략을 세운다.
③ 남들이 놓치거나 관심 없는 것을 선택한다.
④ 혁신창업은 상품보다 전략에 두는 것이 좋다.
⑤ 경험이 없고 모르는 분야 혁신은 하지 않는다.
⑥ 고객이 만족하지 못하는 욕구를 찾아 혁신한다.
⑦ 시장성이 좋은 아이템을 혁신하는 것이 좋다.
⑧ 감당할 수 없는 혁신은 하지 않는 것이 좋다.
⑨ 혁신방법에는 상품혁신과 전략혁신이 있다.
⑩ 간단함, 편리함, 접근성 가치의 혁신은 기본이다.

독특한 창업을 하려면 창업시장경제를 연구하고 학습해라. 평범한 창업은 희망이 없다. 무슨 창업을 하든지 경쟁자보다 확실하게 잘하거나 다르게 하지 않으면 그 창업은 얼마 못 가 실패한다. 평범한 창업자들이 넘쳐나고 까다로워진 고객이 많아진 오늘날의 시장에서는 디퍼런트한 혁신창업이 먹힌다.

혁신창업의 솔루션

- 유망하고 좋은 아이템은 먹을 것이 적다.
- 고객욕구의 부족함을 충족시키는 것이 혁신이다.
- 외면하는 장사, 하찮아 보이는 장사를 눈여겨봐라.
- 기존 창업자보다 디퍼런트 하지 않으면 실패한다.
- 기존 경쟁자를 충분히 분석하고 혁신해야 한다.
- 초보창업자는 시장경제를 알고 혁신해야 한다.
- 싼 가격이나 비슷한 서비스는 혁신이 아니다.
- 품질을 업그레이드해 마진을 키우면 좋은 혁신이다.
- 창업1단계에 머무르지 말고 계속해 혁신해야 한다.
- 혁신창업을 하지 못하면 멀리 못 가 실패한다.

기업들이 많은 돈을 투자해 연구개발하고 혁신하는 이유는 뭘까? 궁극의 목적은 기업을 유지하기 위해서다. 연구하고 개발하고 혁신하지 않으면 시장에서 밀리고, 밀리면 매출이 줄고, 매출이 줄면 수익이 줄고, 수익이 줄면 기업이 무너지기 때문이다.

지금 잘되고 있다고 안주하면 아차 하는 사이에 경쟁자에게 밀리기 때문이다. 그렇게 실패한 기업들은 한둘이 아니다. 생계형 장사도 국가의 정치도 공동체 경영도 똑같다. 크고 작은 신규 경쟁자들이 시도 때도 없이 나타나 공격해 온다. 사업이든 장사든 모두가 강한 경쟁력으로 무장한 전쟁을 한다. 잠시라도 안주하면 죽는다. 혁신의 부재는 곧 사망이다. 자원보다 중요한 것이 혁신이다. 자원이 많아도 혁신하지 않으면 죽는다. 파워풀한 경쟁자는 언제든지 어디서나 혁신전략으로 밀고 들어온다. 먼저 혁신하지 않으면 누구든지 죽는다. 그것이 오늘날 하나로 글로벌화 되고 있는 현상이다. 국가의 경제도 이와 같다.

마케팅의 파괴적 혁신

마케팅의 기본을 간단하게 말하면 시장을 나누고 목표시장을 선택하고 선택한 시장에 상품을 광고하고 알리는 일이다. 마케팅은 시장을 바탕으로 하여 목표한 시장에 자리를 잡고 자원과 환경을 고려하여 사업목표를 결정하는 일이다. 마케팅방법^{4P}전략의 파괴적 혁신을 통해 공격적인 차별화 창업을 하면 대박의 기회를 잡을 수 있다. 즉 마케팅방법의 파괴적 혁신을 통해서 성공을 꾀하는 방법도 있다. 하수의 초보창업자들이 마케팅방법의 파괴적 혁신을 통한 창업을 못하는 이유는 기획능력이 없거나 마케팅전략을 모르거나 투자능력이 안되기 때문이다.

충실성전략과 편의성전략

소비자는 최상의 품질이나 최저의 가격 중에서 하나를 선택한다. 소비자들은 대체로 쓸 만한 정도의 상품을 싸게 구입하려는 사람들과 값을 더 지불해서라도 좋은 상품을 구입하려는 사람들로 구분할 수 있다. 소비자들은 최상의 상품을 최저의 가격으로 구매할 수 없다는 사실을 알고 있다. 수익향상전략은 여러 가지가 있지만 크게 품질위주전략과 가격위주전략의 두 가지가 있다. 경쟁시장에서 고객을 끌어당기는 두 가지 힘은 상품품질과 상품가격이다.

수익향상전략은 소비자 심리를 이해하는 것이 중요하다. 상품제품이나 서비스이 소비자에게 주는 충실성과 편의성 중에서 택일해야 한다. 상품이 충실성품질위주을 제공하느냐 편의성가격위주을 제공하느냐 하는 것은 수익향상에 결정적인 영향을 미친다. 상품의 충실성은 사람들의 선호성과 관련이 있고, 편의성은 사람들의 필요성과 관련이 있다. 대체로 품질위주전략은 충실성이 요인이 되고, 가격위주전략은 편의성이 요인이 된다. 다시 말해 품질중심의 충실성에 집중하면 높은 가격을 받아 수익을 늘릴 수 있고, 가격중심의 편의성에 집중하면 많이 팔아 수익을 늘릴 수 있다. 즉 충실성전략은 상품을 덜 팔고도 많은 수익을 키우는 방법이고 편의성전략은 상품은 많이 팔아 수익을 키우는 방법이다.

무슨 사업을 하든지 수익향상전략으로 충실성전략이나 편의성전략중에서 하나를 선택하는 것이 좋다. 고객을 끌어당기려면 이미 시장을 점유하고 있는 상품보다 한 단계 높은 품질위주의 충실성전략을 구사하든가 가격위주의 편의성전략을 구사해야 한다. 시장에서 판매되고 있는 모든 상품들이 처음부터 충실성과 편의성으로 나누어져 판매되는 것은 아니다. 충실성 상품에는 편의성 틈새가 있고 편의성 상품에는 충실성 틈새가 있음을 알고 혁신해야 한다.

6차 산업의 귀농귀촌도 마찬가지로 충실성전략을 선택하느냐, 편의성전략을 선택하느냐가 중요하다. 이것도 저것도 아니면 귀농귀촌도 힘들어진다.[4]

---

4 충실성전략과 편의성전략은 창업코칭이나 창업세미나에서 학습할 수 있다.

착한가게 오픈하는 방법

착한가게를 준비하고 오픈하겠다는 생각만으로도 창업의 절반은 성공이다. 장사의 핵심은 고객의 욕구나 필요를 충족시켜주고 마음을 얻는 착한가게를 준비하는 일이다. 고객이 찾아가고 싶은 착한가게를 오픈하고 소문나게 만드는 일이 장사를 성공하는 비결이다.

오늘날의 창업성공률은 30% 미만, 누가 실패할지는 몰라도 10명 중 7명 이상이 실패한다. 오늘날의 시장경제구조가 그렇다. 미래는 더 치열해질 것이다. 하지만 창업시장경제를 바로 알면 걱정하지 않아도 된다. 이유는 창업시장경제를 모르고 창업하는 하수들이 대부분이기 때문이다. 좋은 창업계획과 철저한 준비 없이 성공창업은 할 수 없다. 창업을 실패한 사람들 중에는 창업시장경제의 기본도 모르고 덤비는 하수들이 대부분이다. 창업시장경제를 제대로 알고 고객이 찾아가고 싶은 착한가게를 만들 수 있는 창업자들은 적다. 그런데도 창업지식과 지혜를 학습하는 창업자들은 매우 적다. 따라서 고수들의 창업성공률이 높다.

자영업자 600만 명 시대, 최선을 다해 열심히 노력하지만 희망이 안 보인다. 인구비례로 따진 자영업자 비율은 미국과 일본보다 그 비율이 높고, OECD평균과 비교해도 2배가 된다. 우리나라 2015년 기준 연간 80만 명의 베이비부머들이 은퇴하고 그중 20만 명이 생계형 창업을 한다. 전국의 생계형 창업자들 가운데 음식점 25%, 유통편의점 11%, 주점이 7.2%다. 하지만 생계형 자영업자들이 창업을 준비하는 기간은 평균 6개월이 안 된다는 것이 정부통계다. 용기와 자신감을 갖고 창업 준비를 열심히 했는데도 실패하는 이유는 뭘까? 잘못 알고 있거나 모르고 창업했기 때문이다.

　치열한 시장경쟁에서 창업자들이 살아남으려면 어떻게 창업해야 할까? 이 책의 내용 대부분이 소자본 창업자들이 알아둬야 할 이야기다. 이 책을 여러 번 반복해 읽고 이해하면 많은 도움이 되리라고 생각한다. 창업하려면 창업시장경제, 창업의 지혜, 장사하는 방법을 학습하고 창업전문가에게 창업지도를 받는 것이 올바른 방법이다.

　세계 70억 인구의 0.2%인 1,400만명의 인구로 노벨상 수상자 20%를 차지하고, 전 세계 억만장자 최상위 400명중에 15%인 60명을 차지하는 유대인, 그들은 어떻게 이렇게 탁월한 능력이 있을까? 그들은 경제의 중요성을 알고 어릴 적부터 경제를 배우며 일찍부터 시장경제와 관련된 가정교육을 받는다. 하지만 우리나라 여성들은 미얀마 여성들보다 시장경제의 지식수준이 떨어진다는 신문기사를 본적이 있다. 그러면 우리나라 남자들은 어떨까? 아마도 별반차이가 없을 것이다. 사농공상의 뿌리 깊은 문화가 만들어 놓은 현상 때문이다. 하지만 이제는 그러한 해묵은 사고방식을 바꾸지 않으면 인생까지 실패한다. 창업시장경제를 학습하고 시장실무를 경험하면 창업은 어려운 것이 아니다. 다만 몰라서 두려운 것이다. 세상을 알고 시장을 알면 세상에는 공짜인 좋은 아이디어가 널려 있다.

성공창업을 위해 기본으로 해야 할 것

- 창업학습과 준비하는 시간을 2~5년 갖는다.
- 내게 맞는 창업도서 5권 정도를 골라 읽는다.
- 창업할 동종업종 3곳 이상을 찾아 조언을 듣는다.
- 창업할 사업장에 취업해 시장실무경험을 쌓는다.
- 창업계획을 창업전문가에게 평가지도 받는다.
- 전문가에게 입지, 점포, 인테리어 코칭을 받는다.

우리는 12~20년의 교육과정을 거쳐 경쟁사회의 출발선에 선다. 창업은 그 교육과정 뒤의 새로운 과정으로 시장경제^{세상}를 학습하고 시장경험을 쌓고 준비해야 한다. 그러나 창업을 준비하는 사람들은 창업과정에 대하여 학교교육만큼의 대가를 치르지 않는다. 창업학습은 커녕 최소 한권의 창업도서도 읽지 않는다. 창업의 중요성을 따지면 학교교육 못지않게 중요한데 왜 그럴까? 지금까지 창업문화가 그렇게 만들어 졌기 때문이다. 하지만 이제는 그런 창업방법으로는 누구든지 실패한다. 20~30대 청년창업자는 창업시장경제를 학습하고 준비하는 시간을 적어도 4~5년 갖는 것이 좋고, 40~50대 시니어 창업자는 1~3년 준비하는 시간을 갖는 것이 좋다. 100세 시대를 사는 오늘날에는 60대의 사람들도 창업해야 한다. 50~60대에 창업을 해야 하는 사람들은 40대 샐러리맨일 때 틈틈이 시장경제를 학습하고 경험해두는 것이 좋다. 물론 많은 시간을 배우고 경험한다고 성공창업이 보장되는 것은 아니다. 무엇을 어떻게 학습하고 경험하느냐가 중요하고 건강한 창업자 정신이 중요하다. 창업시장경제를 올바로 이해하고 계획하고 철저히 준비해야 건강한 싹이 트고 튼튼한 뿌리를 내려 좋은 결실을 맺는다. 뭇 과일나무들도 저마다 필요한 시간을 보내고 묵어야 꽃피고 열매를 맺는 이치와 같다.

착한가게를 창업하고 소문내라

내 가게와 내 상품을 고객에게 어떻게 보이고 싶은가? 멋지게 보이는 것도 중요하지만 착하게 인정받는 것이 중요하다. 착한 가게를 준비하면 고객들은 착한가게를 무의식적으로 돕는다. 다음은 착한가게를 준비하는 데 알아두면 도움이 되는 조언이다.

- 품질이 좋고 가격이 착한 착한가게를 준비해라.
- 양도 많고 서비스 끝내주는 착한가게를 준비해라.
- 동네에서 가장 착하다고 소문난 가게를 준비해라.
- 동네에서 가장 신뢰 받는 착한가게를 준비해라.
- 동네에서 가장 친절한 착한가게를 준비해라.
- 외국에서 본 듯한 튀는 착한가게를 준비해라.
- 뭔가 한 가지라도 튀는 착한가게를 준비해라.
- 주인과 직원이 좋게 소문난 착한가게를 준비해라.
- 뭔지 모르지만 가고 싶은 착한가게를 준비해라.
- 삼성의 직영점인 것 같은 착한가게를 준비해라.
- 우리 동네 하나밖에 없는 착한가게를 준비해라.

● 뭔가 뛸 수 없으면 무조건 착한가격을 준비해라.

　창업전략을 고객에게 맞추고 남들보다 새롭고 독특한 제품
이나 서비스를 준비해 정직하게 경영할 때 고객은 그 가게를 착
한가게라고 인정한다. 그렇게 달거나, 짜거나, 디퍼런트한 창업
전략을 구사하는 창업자라면 반드시 성공한다.

유망업종, 좋은 아이템이라도 믿으면 안 돼

　　창업자들은 창업할 업종, 아이템을 선정할 때 위험성, 수익성, 비전성, 환금성의 4대 분석을 간과하거나 평가할 줄 몰라 실패한다. 어제 좋은 아이템이 오늘은 나쁜 아이템이 될 수 있고, 누구에게 좋은 아이템이 누구에게는 나쁜 아이템이 될 수 있다. 창업할 업종이나 아이템이 유망하고 좋다고 맹신하면 실패한다.

유망업종이거나 좋은 아이템이라고 모든 창업자들에게 다 유망하고 좋은 것이 아니다. 기업체들이 PR하기 위해서 유망업종, 좋은 창업아이템이라고 말하는 경우가 많고, 실제로 유망업종이거나 좋은 창업아이템이라도 모든 사람들에게 유망한 것이 아니다. 반대로 유망하지 않고 좋아 보이지 않는 아이템으로도 대박을 터트리는 창업자들이 있다. 창업시장경제를 깊이 알면 숨어 있는 아이템의 가치와 비전을 찾아낼 수 있기 때문이다.

어떤 사람이 아이템 A를 창업해 성공했다면 아이템 A는 그 사람에게 좋은 창업아이템이 되고, 동시에 다른 사람이 아이템 A를 창업해 실패했다면 아이템 A는 그 사람에게 나쁜 창업아이템이 된다. 또는 어떤 사람이 3년 전에 아이템 B를 창업해 실패했다면 아이템 B는 3년 전에 그 사람에게 나쁜 창업아이템이었는데, 오늘날 어떤 사람이 아이템 B로 창업해 성공했다면 아이템 B는 지금 그 사람에게 좋은 창업아이템이 된다. 또한 어떤 사람이 아이템 C를 어떤 지역에서 창업해 성공했는데, 아이템 C를 다른 어떤 지역에서 창업해 실패했다면 아이템 C는 어떤 지역에서는 좋은 창업아이템이고 어떤 지역에서는 나쁜 창업아이템이 된다. 즉 창업아이템은 창업자의 자질이나 능력이나, 시대나, 지역에 따라 좋은 창업아이템이 될 수도 있고, 나쁜 창업아

5_유망업종, 좋은 아이템이라도 믿으면 안 돼

이템이 될 수도 있다. 따라서 유망업종이나 좋은 창업아이템이 모든 사람에게 다 좋은 것이 아니라는 뜻이다. 창업자의 내적 문제에 따라, 시대나 지역이나 환경이나 외적 문제에 따라 얼마든지 달라질 수 있는 것이다.

또한 모든 아이템은 태어나 성장하고 시들고 없어지는 시기를 맞는다는 것을 알고 창업해야 한다. 즉 모든 아이템은 도입기, 성장기, 성숙기, 쇠퇴기 과정을 거친다. 지금 창업하려는 아이템이 어느 과정을 거치고 있는지 바로 알고 창업해야 한다. 하지만 사업성평가능력이 부족한 하수들은 창업아이템의 수명을 알지 못하거나 관심조차 갖지 않아 어렵게 시작한 창업이 힘들어지고 실패에 이르게 된다.

창업아이템의 수명이

도입기에 있으면, 시장규모가 작고 성장률이 낮아 위험성이 따른다.

성장기에 있으면, 시장규모가 크고 마진이 좋고 상품구매력이 커지는 매력이 있지만 매력이 클수록 짧은 시간에 성숙기로 넘어가는 단점이 있다.

성숙기에 있으면, 상품의 판매성장률이 정체되고 치열한 경쟁으로 마진이 작아지면서 레드오션red ocean 치열한 경쟁시장시장으로 바뀌고 사업성이 떨어진다.

　쇠퇴기에 있으면, 즉 소비자들의 상품구매력이 떨어지는 시기에 있으면 수익성, 시장성, 사업성이 떨어지고 수명을 다하는 쇠퇴기로 들어간다.

　이러한 사실을 알고 창업하는 사람과 모르고 창업하는 사람의 창업결과는 큰 차이가 난다. 여기에 창업에 따른 인가, 허가, 면허, 사업등록의 법적요건을 알아보는 점도 잊어서는 안 된다.

　유망업종, 좋은 창업아이템이란 많은 고객을 끌어당길 수 있는 업종이고 아이템이다. 하지만 그것은 기본상식이다. 업종이나 아이템은 창업자의 적성과 능력에 맞아야 하고, 시장성, 수익성, 비전성, 환금성의 문제와 경쟁자와의 관계에 따른 리스크가 없어야 한다. 하지만 창업자들이 외면하는 상품, 소비자가 외면하는 상품도 혁신업그레이드을 통해 살려낼 수 있는 창업경영능력이 있다면 그 아이템은 대박의 좋은 창업아이템으로 바뀔 수 있다.

창업아이템 선택할 때 알아둘 점

　① 먼저 자본능력과 경영능력에 맞아야 한다.
　② 시대, 시장, 환경, 경쟁자의 관계를 따져야 한다.
　③ 시장이 성숙되지 않은 아이템은 택하지 않는다.
　④ 유행을 타지 않는 아이템의 선택은 기본이다.
　⑤ 상품력, 수익성, 시장성의 사업성분석은 기본이다.

⑥ 생계형 창업자는 검증 안 된 아이템 창업은 금물
⑦ 생계형 창업자는 추가 투자가 필요한 창업은 금물
⑧ 생계형 창업자는 아이디어상품 투기성창업은 금물
⑨ 기존 창업자를 통한 아이템의 사업성분석은 필수
⑩ 체인점창업을 하려면 본사 및 체인점분석은 필수
⑪ 창업할 예정지역의 경쟁자의 경쟁력분석은 필수
⑫ 계절상품, 비수기가 있는 아이템은 창업을 피한다.
⑬ 부모, 친척, 친구의 말보다 전문가 지도를 받는다.
⑭ 초보창업자는 반드시 사업성분석을 의뢰한다.
⑮ 창업시장경제를 학습하고 시장조사를 철저히 한다.

기업이나 프로들은 남들이 안 될 것이라고 외면한 아이템에서 때로는 좋은 기회를 찾는다. 기업이나 프로들은 시장조사를 철저히 하고 오히려 창업전문가 지도를 받는다. 하지만 이것도 저것도 모르는 하수들은 그렇게 하지 않는다. 경험이 없고 창업 코칭의 가치를 모르기 때문이다.

- 하수는 상품에 있는 상품력을 볼 줄 모르기 때문에
- 하수는 상품의 시장성을 분석할 줄 모르기 때문에
- 고품질상품으로 업그레이드 할 줄 모르기 때문에 창업코칭이 필요하다

물론 모든 기업이나 고수들이 창업을 성공하는 것은 아니다. 기업이나 고수나 하수들의 창업마인드는 실제로 다르지 않

다. 다만 기업이나 고수는 시장경제^{세상}를 알고 창업을 하고, 하수는 시장경제^{세상}를 모르고 창업하는 차이가 있을 뿐이다. 대한민국의 21세기 오늘날은 학습 없이, 경험 없이, 용기와 열정 없이는 성공할 수 없는 창업시장이 되었다. 특히 우리나라 시장문화는 최고전문가나 전문점만을 알아주는 시대가 되었다.

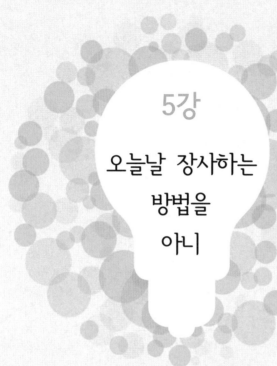

5강

오늘날 장사하는 방법을 아니

5강에서는 오늘날 장사하는 방법, 월수 300~500만원, 창업디자인에 대하여 학습한다.

장사도 경영을 모르면 실패한다

세션포인트

2015년 1월 기준 경제활동인구 1,800만명, 여기에 비정규직 600만명과 소자본 창업자 600만명이 포함돼 있다. 한해 대략 100만명이 창업하고 84만명이 폐업한다. 장사도 경영을 모르면 실패하는 시대가 되었다. 평범한 창업을 하려면 하지 마라. 평범한 창업자들은 넘친다.

자신과 각오가 없으면 창업하지 마

무엇을 하든 성공할 자신감이 없으면 하지 마라.
경쟁자를 이길 자신이 없으면 창업하지 마라.
남다르게 장사할 능력이 안 되면 창업하지 마라.
평범한 장사를 하려면 창업하지 마라.
고생할 각오가 없으면 장사하지 마라.

장사도 경영을 알아야 해

오늘날의 장사는 투자자금만 충분하면 되는 것이 아니다. 장사는 밑바닥부터 배워야 한다는 말과 같이 창업시장경제^{세상}를 알고 남다르게 창업할 수 있는 능력이 있어야 한다. 의욕만으로 시작하는 장사는 위험하다. 시장경제의 학습과 시장실무경험을 통하여 과거와 현재의 시장^{세상}을 알고 창업해야 한다. 이제는 장사도 창업경영방법을 모르면 실패한다.

생계형 장사는 기초가 튼튼해야 해

뿌리 깊은 나무가 가뭄과 태풍과 추위를 이겨내고 풍성한 열매를 맺듯, 장사도 시장을 알고 목표를 세우고 기초를 튼튼히 한 창업을 하고 기업처럼 경영해야 한다. 기초가 튼튼하지 않은 장사는 어느 때고 밀고 들어오는 새로운 경쟁자들에게 밀리게 된다. 기초가 튼튼한 장사란 입지, 점포, 상품, 매장연출, 마케팅 방법의 경쟁력이 경쟁자보다 우월한 것이다.

이제는 마케팅방법을 바꿔야 한다

21세기 오늘날에는 20세기 장사하던 방법으로 장사를 해서는 실패한다. 이제는 장사도 혁신적이고 창의적인 마케팅방법으로 바꿔 기업들처럼 경영해야 한다. 남들과 비슷한 창업으로는 기존 창업자를 이길 수 없다. 장사를 기업들처럼 경영하려면 기업들은 어떻게 경영하는지 관심을 갖고 관찰하고 학습해야 한다. 옛날 같이 가게 하나 얻어 물건만 채워놓으면 팔리던 시대는 지났다. 이제는 소비자를 기다리는 장사의 패러다임을 바꾸지 않으면 생존할 수 없다. 기업체들이 경영하듯 마케팅방법을 바꿔 소비자들이 찾아오도록 준비해야 한다.

오늘날 대한민국에서는 생계형 장사도 힘든 일이 되었다.

어지간한 능력으로는 이길 수 없고 버텨낼 수 없다. 기존경쟁자, 신규경쟁자, 잠재경쟁자, 다양한 경쟁자들과 싸워야 하고 고객을 리드해야 한다. 자신감이 부족하고 각오가 없으면 장사하지 마라. 자칫 창업하지 않는 것만 못해 인생을 망칠 수 있다. 이 뜻은 능력 있는 사람들만 창업하라는 말이 아니다. 시대에 맞는 창업방법을 알고 능력을 갖춰 도전하라는 뜻이다.

장사의 실패요인

- 장사하는 방법을 모르고 덤비기 때문에 실패하고
- 창업시장경제를 올바로 모르기 때문에 실패하고
- 과거의 경영방법을 고수하기 때문에 실패하고
- 과거와 현재시장을 모르고 덤벼들어 실패하고
- 능력을 초과해 빚내 창업하기 때문에 실패하고
- 경쟁자를 모르고 창업하기 때문에 실패한다.

결론적으로 장사하는 방법을 제대로 모르기 때문에 실패한다. 장사를 성공적으로 하려면 장사하는 사고방식을 바꾸고, 창업지식을 학습하고, 창업시장과 올바른 창업방법을 알아야 한다. 이 책의 제1강, 제6강은 삶과 창업의 지혜, 창업자 사고방식과 건강한 창업자 정신에 대하여 학습하는 장이고, 제2강, 제3강, 제4강, 제5강은 창업전략, 창업지식, 혁신창업방법과 마케팅방법, 생계형 장사의 기술과 지혜에 대하여 학습하는 장이다.

장사도 기업처럼 경영할 때

고객이 행복을 느끼는 마케팅을 해라

가능하면 동네에 딱 하나뿐인 창업을 해라. 경쟁자들과 업종이나 아이템이 같으면 마케팅방법을 다르게 해라. 즉 자신만의 색깔과 개성을 살려 창업해라. 이는 창업할 때 가장 중요한 점이다. 남보다 독특하게 디자인하거나 다르게 디자인하고 고객을 행복하게 만들어야 한다. 고객이 원하는 것, 즉 상품, 품질, 가격, 입지, 서비스, 매장연출 등의 경쟁력이 경쟁자보다 좋아야 한다. 경쟁자보다 월등하고 독특하면 더 큰 성과를 얻겠지만 방법을 모르고 능력이 부족하면 짜든지 달든지 조금만 달라도 효과를 볼 수 있다. 오늘날 창업의 핵심은 고객을 행복하게 만드는 마케팅과 세일즈다.

세계화에 따른 빠른 시장변화로 다양한 경쟁자들이 밀려오고 있다. 동일업종간의 경쟁은 물론이고 이종 간의 업종과도 경쟁해야 하고, 잠재경쟁자와도 경쟁해야 하고, 변하는 고객과도 경쟁해야 한다. 내 상품의 품질이 90점으로 우수하고 경쟁자의 품질이 80점으로 떨어진다고 해서 내가 창업 준비를 잘한 것이 아니다. 오늘날 고객이 느끼는 상품만족도는 거기서 거기다. 오늘날 상품제조기술의 발달로 상품품질 경쟁력의 차이가 없어졌고 대동소이해졌다. 이제는 상품품질을 넘어 디자인, 마케팅, 서비스 경쟁력으로 승부해야 한다. 고객이 행복을 느끼는 솔루션 마케팅을 해야 한다.

장사란 가치를 팔고 사는 일련의 거래다. 거래는 파는 사람보다 사는 사람이 가치를 크게 느껴야 한다. 따라서 장사를 잘하려면 고객을 먼저 행복하게 만들어야 한다. 즉 고객을 먼저 만족하게 만들고 신뢰를 얻어야 내가 원하는 것을 얻을 수 있다. 고객에게 신뢰를 얻으려면 좋은 상품의 준비는 기본이고 마케팅, 디자인, 서비스, 매장연출의 전반에 걸쳐 고객이 만족함을 느낄 수 있도록 해야 한다.

- 고객의 관찰을 통해 고객마다의 필요를 분석하라.
- 고객마다의 욕구를 기억하고 맞춤 서비스를 하라.
- 고객이 충분한 만족을 느끼도록 마케팅 하라.
- 서비스로 감동시키고 좋은 소문이 나도록 하라.

고객을 행복하게 만드는 것

- 만족성 → 제품과 서비스가 주는 만족감
- 이행성 → 제품과 서비스가 주는 약속이행
- 가치성 → 제품과 서비스가 주는 상품가치
- 안정성 → 제품과 서비스가 주는 일관성 기능
- 안전성 → 제품과 서비스가 고객에게 주는 믿음
- 책임성 → 제품과 서비스가 주는 책임의 보장성

장사도 브랜드 마케팅을 해라

좋은 가게를 만들고, 소문나게 하고, 기억하게 하고, 기업처럼 경영하라. 그리고 거기에 브랜드^{이름표}를 달아줘라. 오늘날 경영전략에서 생존과제는 테크닉보다 브랜드^{상품의 이름표}의 힘이다. 브랜드는 제품의 생산자 또는 판매자가 자신의 상품을 경쟁자와 차별화하여 알리기 위해 붙여주는 상품의 이름표다. 그처럼 가게를 브랜딩^{브랜드를 만드는 일}하는 것은 내 가게를 경쟁자의 가게와 구별하게 할뿐 아니라, 내 상품의 품질과 특징을 전달하고 신뢰를 얻어내 판매촉진을 시키는 중요성을 갖는 데 있다.

- 가게를 브랜딩하면 가게 이미지를 좋게 할 수 있다.
- 가게를 브랜딩하면 원조, 전통의 경쟁력을 확보한다.
- 브랜드는 남들이 카피할 수 없는 중요한 차별화다.
- 브랜드는 경쟁자와 차별화하기 위한 방법이다.
- 브랜드는 가게를 좋게 포지셔닝 하는 것이다.

즉 브랜드 마케팅은 판매자들이 상품이나 가게를 고객들에게 구별하게 하고 경쟁자들과 차별화해 판매를 활성화시키는 수단이다. 브랜드 마케팅은 시장점유율을 높이고 가격을 높이고 마진을 높일 수 있는 힘이 있다. 따라서 착한 가게, 유명한 가게를 만들고 이를 널리 알리는 브랜드 마케팅^{원조 마케팅}도 기업처럼 경영하는 방법이다. 끊임없는 브랜딩전략의 연구와 실행과 노력이 있어야 한다.

시장성을 검토하라

상품을 많이 팔려면 팔아주는 사람^{고객}이 많아야 한다. 즉 시장규모가 커야 하고 시장이 성숙되어야 한다.

매출성을 검토하라

매출을 높이려면 고객, 즉 시장규모^{고객}만으로는 안 된다. 고객이 내 가게로 와줘야 한다. 고객을 내 가게로 오도록 하려면 경쟁자보다 좋은 경쟁력, 즉 상품, 품질, 디자인, 가격, 서비스가 좋고 만족감과 행복함을 줘야 한다.

수익성을 검토하라

매출을 많이 올려도 수익성이 나쁘면 헛일이다. 많이 파는 것은 중요하지만 판매마진이 좋고 지출비용이 적어야 수익성이 좋아진다. 이를 알고 수익성을 높이는 준비와 노력이 끊임없이 이어져야 한다.

올바른 장사의 틀을 짜라

이제는 장사도 기업들처럼 창업하고 경영해야 성공할 수 있다. 그러려면 기초가 튼튼한 올바른 장사의 틀(frame)을 짜야 한다. 좋은 운동선수가 되려면 기본 폼부터 올바로 배워야 하듯 장사도 올바른 틀을 짜야 한다. 기업들이 준비하듯 기초가 튼튼한 장사의 틀을 짜야한다.

21세기 창업수명은 20세기 창업수명에 비해 많이 짧아졌다. 2015년 국세청자료를 보면 2004~2013년 10년간 개인사업자 949만명이 창업했고, 793만명이 폐업했다. 이를 단순히 비교하면 자영업자 생존율은 16.4%다. 10년 이상 창업을 지속하고 있는 사람은 100명 중 16명이라는 뜻이다. 어떤 업종의 창업수명이 길고 짧아진 것이 아니다. 모든 업종의 창업경쟁이 치열해지고 짧아졌다. 치열한 경쟁 속에서 살아남으려면 경쟁자를 알고 경쟁자보다 더 좋은 경쟁력을 준비한 장사의 틀을 짜야 한다. 장사도 기업들처럼 다음 열 가지 콘텐츠를 준비하고 창업해야 한다.

장사의 중요한 콘텐츠 열 가지

1. 창업디자인

생계형 장사의 첫 번째 과제는 성공창업디자인이다. 장사의 창업디자인은 내 자금능력조달능력 포함과 경영능력을 판단하고 경쟁할 대상이 누구이고 소비자가 어떤 사람들인지 알고 시장환경에 맞춰 디자인 해야 한다.

어떤 창업을 할 것인가?

언제 어떻게 시작할 것인가?

어디서 할 것인가?

어떤 규모로 할 것인가?

어떤 경쟁자와 어떻게 경쟁할 것인가?

충분한 시장조사를 거쳐 내 능력에 맞는 창업을 디자인해야 한다. 창업계획은 창업의 프레임을 올바로 짜는 첫 번째로 중요한 콘텐츠다.

2. 판매상품선택

생계형 장사의 두 번째 과제는 판매상품, 아이템을 선택하는 일이다. 어떤 아이템^{상품}을 선택할 것인지, 고품질의 상품을 선택할 것인지, 일반적인 품질의 대중상품을 선택할 것인지, 얼마의 판매가격대를 맞출 것인지 결정하는 일이다. 이때 소비자^{지역주민}의 수준과 행태를 분석하고 아이템^{상품}을 선택하는 일은 중요한 콘텐츠다.

3. 상품구매

생계형 장사의 세 번째 과제는 판매할 상품을 준비하는 일이다. 상품구매 시에는 상품의 품질을 확인하고, 구매가격과 구매대금 지불방법을 결정하고, 구매가격의 할인방법이나 덤, 불량상품이나 재고상품의 교환이나 반품, 공급방법, 기타 공급자로부터 서비스 받을 내용 등을 협상해야 한다. 상품의 배송문제, 구매가격의 인상이나 공급중단에 대한 문제 등을 꼼꼼하게 따져 구매 시 황당한 일이 발생하지 않도록 해야 한다. 이익은 상품을 팔 때만 생기는 것이 아니라 판매할 상품을 구매할 때도 생기는 것으로 중요한 콘텐츠다.

4. 판매가격결정

생계형 장사의 네 번째 과제는 상품판매가격을 결정하는 일이다. 상품판매가격을 높게 책정하면 마진은 좋지만 판매가 어려워지고, 상품판매가격을 낮게 책정하면 판매는 쉽지만 마진이 작아 수익이 작아진다. 경쟁자와 똑같은 상품을 비싼 가격으로 팔면 신뢰가 떨어져 판매가 안 돼 실패할 수 있고, 판매가격을 낮게 하면 이익이 적어 실패할 수 있다. 따라서 상품판매가격은 철저한 시장조사를 거쳐 결정해야 하는 중요한 콘텐츠다.

5. 점포입지선택

생계형 장사의 다섯 번째 과제는 상권분석을 통하여 고객이 찾아오는 입지와 점포를 선택하는 일이다. 업종, 아이템, 경쟁자와의 관계를 고려해 좋은 입지를 선택하고, 창업계획에 맞는 점포규모와 모양을 찾아 임차하는 것은 중요하다. 가게에 찾아오는 고객에게 빠르고 쉽게 찾아오도록 하고 편하게 머물게 하는 것이 매출을 높이는 수단으로 매우 중요한 콘텐츠다.

6. 인테리어준비

생계형 장사의 여섯 번째 과제는 인테리어와 익스테리어다. 같은 값이면 다홍치마, 보기 좋은 떡이 맛도 좋다는 말처럼 인테리어, 익스테리어는 가게의 이미지 연출로 매출향상에 큰 영향을 미친다. 창업전략과 판매업종에 따라 인테리어 설계방법이 달라져야 한다. 인테리어, 익스테리어는 상품을 돋보이게 하며 고객에게 편리함을 제공하는 중요한 콘텐츠다.

7. 능력 있는 직원채용

생계형 장사의 일곱 번째 과제는 능력 있는 좋은 직원을 채용하는 일이다. 즉 성별, 나이, 활동성, 용모, 화술^{말솜씨}, 판매테크닉, 고객서비스 능력을 잘 갖춘 직원을 채용하는 일은 매출을 높이는 일과 직결된다. 직원채용의 문제를 대수롭지 않게 생각하고 적당한 사람을 고용하거나 급료가 적은 직원을 채용하는 것은 오히려 손실이 되는 일로 중요한 콘텐츠다.

8. 광고홍보

생계형 장사의 여덟 번째 과제는 고객유치를 위한 광고홍보를 효과적으로 하는 일이다. 좋은 상품, 점포, 인테리어, 능력 있는 직원을 두는 목적은 매출을 높이기 위함이다. 이처럼 창업 준비를 잘했더라도 소비자가 그런 가게가 어디에 있는지 모른다면 허사다. 광고홍보를 안하면 한동네 사람들도 그런 좋은 가게가 언제 어디에 생겼는지 모르는 경우가 많다. 내 가게가 어디에 창업했다는 것을 고객에게 알리는 광고홍보는 중요한 콘텐츠다.

9. 서비스 마케팅

생계형 장사의 아홉 번째 과제는 판매촉진을 위한 서비스 마케팅이다. 장사의 틀을 갖추고 광고하는 것만으로 준비를 다 했다고 생각하면 오산이다. 대부분의 창업자들은 기본 준비는 잘한다. 하지만 기본 준비만으로는 오늘날 경쟁에서 이기기는 어렵다. 경쟁자들의 경쟁력을 분석하고 경쟁자들보다 더 좋은 마케팅을 준비해야 한다. 예를 들어 상품에 관련한 지식을 학습하고 그 지식을 상품에 더하여 판매하는 지식 서비스마케팅, 고객의 욕구와 불만을 찾아 해결해 주는 솔루션마케팅, 고객을 즐겁고 행복하게 만드는 집중마케팅, 경쟁자보다 기대 이상의 서비스를 하는 서비스마케팅은 중요한 콘텐츠다.

10. 리더십, 창조적 혁신, 종합연출

생계형 장사의 열 번째 과제는 리더십, 창조적 혁신, 위 아홉 가지 콘텐츠를 통합한 종합연출^{하드웨어+소프트웨어}이다. 리더십은 직원의 능률을 향상시키기 위한 것이고^{임파워먼트}, 창조적 혁신은 고객의 욕구를 더 만족시키기 위한 것이고, 종합연출은 경쟁력을 믹스하여 매출성과를 극대화하는 것이다. 종합연출이란 전략, 상품, 구매, 가격, 입지, 인테리어, 직원, 광고, 서비스 각각의 경쟁력을 합쳐 시너지효과를 만들어내는 경영전략이다. 장사의 승패는 열 번째 종합연출이 결정한다고 해도 과언이 아닌 것으로 중요한 콘텐츠다.

이상과 같이 생계형 장사도 열 가지 콘텐츠 중에 한 가지라도 놓치지 말고 제대로 갖춘 창업프레임을 짜야 한다. 이제는 생계형 장사도 기업들처럼 창업하고 경영해야 한다.

아이템, 고객, 입지, 가격, 매장컨셉을 맞춰라

고객이 매장으로 찾아오는 장사를 할 때는 아이템과 고객과 입지와 가격과 매장컨셉트를 맞춰야 한다. 이는 장사를 창업할 때 많은 관심을 기울이고 노력해야 할 중요한 사항이다. 하지만 하수의 창업자들은 이를 간과하거나 할 줄 몰라 어렵게 시작한 장사를 망친다.

좋은 창업아이템이란 쓸모가치가 많은 상품, 누구나 필요한 상품, 계절 없이 팔리는 상품이고, 특정한 사람들만 필요한 상품, 쓸모가 한정된 상품, 시장성이 검증되지 않은 신제품이나 특허상품은 위험한 창업아이템이다. 좋은 창업아이템을 선택하고도 장사를 실패하는 이유는 고객과 경쟁자를 충분히 분석하지 않고, 아이템과 고객과 입지와 판매가격과 매장컨셉트를 맞추지 않고 창업했기 때문이다. 다음 창업사례를 통하여 창업아이템과 고객, 입지, 가격, 매장컨셉트를 맞추는 일이 얼마나 중요한지 학습해 보자.

통닭 집 창업사례

4,000세대 정도 되는 어느 지역 변두리에 임대료가 저렴한 점포를 얻어 생닭을 튀겨 파는 통닭가게를 총 3,000만 원 정도 투자해 창업했다. 이 지역에는 통닭체인점을 포함해 통닭을 판매하는 가게가 여섯 곳이 있다. 나름 가격차별화로 통닭체인점들보다 판매가격을 20~30%정도 싼 가격으로 정하고 배달하지 않는 방법으로 창업했다. 잘 아는 사람이 성공한 것을 보고 힘들게 3,000만원을 준비해 창업했다. 생닭 튀기는 기술과 노하우

3_아이템, 고객, 입지, 가격, 매장컨셉을 맞춰라

를 배우고 욕심 없이 먹고만 살면 된다는 생각으로 희망을 안고 작게 시작했다. 어떻게 되었을까?

월수입이 300만원 이상만 되면 좋겠다는 생각으로 부부가 창업했다. 시작부터 반응이 좋았다. 창업 3개월째부터 월수입이 300만원 넘었다. 창업 10개월이 지나자 손님이 떨어지기 시작했다. 창업 1년이 돼서는 매출이 곤두박질쳤고 월수입은 100만원 간신히 됐다. 1년 6개월이 지나자 월수입은 100만원 이하로 떨어졌다. 2년이 지나 결국 점포보증금을 회수하지 못하고 점포가 나가는 대로 보증금을 받기로 하고 폐업했다. 실패원인은 먼저 입지선택의 잘못이 컸고 힘 있는 신규 경쟁자에게 밀린 것이다. 1년 6개월 사이에 더 좋은 입지에 경쟁력을 갖춘 통닭집이 두 곳이나 더 오픈한 것이 치명적이 된 것이다. 노하우를 전수해준 통닭집과 똑같은 방법으로 창업했지만 되지 않았다. 창업초기에 반짝 효과를 보았을 뿐이다. 신규 경쟁자에게 입지, 매장, 서비스 마케팅방법에서 밀린 것이다. 가격경쟁력 한 가지만으로 역부족했던 것이다. 하지만 기존에 잘되는 통닭집은 성공적으로 잘되고 있다. 참고로 2015년 3월 기준 전국의 통닭집은 3만 5,000곳 정도로 추정된다.

커피전문점 창업사례

경기도 어느 대학가에 커피전문점을 개업했다. 체인점 가맹비, 물품대 보증금, 인테리어와 시설비로 5,000만원을 체인점 본사에 지불했고, 점포보증금 2,000만원, 점포권리금 500만원, 기타 광고비와 운영비로 500만원, 총 8,000만원을 투자했다. 유명 커피전문점에 비해 창업자금이 적게 들었다. 창업자금에 맞게 점포를 선택했고 조금 싼 커피가격으로 차별화했다. 어떻게 잘하고 있을까?

창업 3개월이 되자 월수입이 100만원이 넘었다. 4개월째는 지출을 공제하고 월수입은 60만원으로 떨어졌다. 대학이 여름방학에 들어갔기 때문이다. 대학교 방학을 생각 못한 것은 아니지만 이정도일 줄을 몰랐다. 철저한 시장조사를 안 한 것이 후회할 거리를 만들었다. 5개월째도 수입은 마찬가지였다. 개학이 되고 6개월, 7개월, 8개월 차에는 월수입은 120만원이 되었다. 9개월째 겨울방학이 되었고 월수입은 80만원 정도로 다시 줄었다. 이렇게 1년이 지나 연평균 월수입은 100만원이 안 됐다. 그렇게 3년을 버티다 편의점 할 사람에게 가게를 넘겼다. 투자자금에서 2,000만원 이상을 손해 봤다. 주된 실패원인은 입지에서 밀렸고 다양한 경쟁자들이 많았기 때문이다. 싼 커피 값에 적은 마진으로 수익이 충족되지 않는 것도 실패원인이었다. 하지만 10년이 지나도 잘되는 커피전문점은 꾸준히 잘되고 있다.

3_아이템, 고객, 입지, 가격, 매장컨셉을 맞춰라

미용실 창업사례

서울 강남의 A급 미용실에서 직원 미용사로 10년 정도 일한 사람이 미용실을 창업했다. 일하던 미장원에서 멀지 않은 근처 아파트 단지 뒷골목에 10평 남짓한 가게를 얻어 저렴하게 인테리어를 하고 보증금을 포함해 총 5,000만원을 들여 월수익 400만원을 기대목표로 창업했다. 어떻게 되었을까?

창업 후 많은 노력을 했으나 지출공제 후 2년간의 월평균수입이 120만원 정도로 기대수익에 미치지 못했다. 월급 받는 미용사로 일하는 것보다 수입이 못했고 몸만 더 피곤하다는 생각에 3년을 못 버티고 폐업했다. 경쟁력이 월등히 좋은 유명한 미용실이 많았고, 입지경쟁력이 나빴고, 지역특성에 맞지 않게 미용실을 연출했고, 인테리어와 서비스능력이 떨어졌고, 미용요금이 싸면 잘될 줄 알았던 것이 통하지 않았다. 즉 입지에서, 인테리어에서, 가격정책에서, 서비스방법에서 많이 부족했던 것이다. 2년을 헛수고하고 다시 월급 받는 미용사로 취업했다. 하지만 그 동네에서 잘되는 미용실은 월수익 1,000만원 이상이 된다고 했다.

대중 활어횟집 창업사례

전문 일식집에서 12년의 셰프 경험이 있는 사람이 대중 활어횟집을 창업했다. 창업자금이 부족했지만 전문일식집에서 일한 경력을 살려 자신의 가게를 운영해보고 싶은 꿈을 실천으로 옮긴 것이다. 창업자금이 넉넉하지 못한 관계로 경기도 어느 변두리 지역에 보증금과 임대료가 저렴한 1층 40평 점포를 얻었다. 나름대로 매장 인테리어를 깔끔하게 하고 전문일식집 컨셉트로 대중 활어횟집을 보증금 포함 총 1억 1,000만원을 투자해 창업했다. 점심으로는 중저가 점심메뉴에 맞춰 준비했고, 저녁시간에는 술손님들에게 맞춘 메뉴를 준비했다. 가게 컨셉트, 음식의 질과 맛도 일식집과 비슷하게 했고 청결하게 연출했다. 지금도 잘하고 있을까?

창업자금이 부족하다보니 동네상권을 선택했고 가격차별화 전략으로 창업했다. 창업 2개월이 되도 고전을 면치 못했다. 3개월이 되면서 손님이 조금씩 늘기 시작했고, 6개월이 돼서는 점심시간이 조금씩 바빠졌다. 8개월이 돼서는 저녁시간에도 손님들이 눈에 띄게 늘었다. 1년 반이 지나서는 서빙직원 2명, 주방보조 1명을 늘렸다. 3년이 지나서는 사철 불경기 없는 동네서 유명한 대중 활어횟집이 됐다. 창업자금이 부족해 선택한 동네상권의 입지가 다행히도 경쟁자가 없는 좋은 입지가 되었고 가격과 가게연출이 잘 맞아 성공창업의 바탕이 되었다. 수입규모를 밝히지는 않지만 어림잡아 월수입이 1,000만원은 충분히 넘을 것 같았다. 창업아이템과 입지, 가격정책, 고객수준, 매장컨셉이 잘 맞춰진 케이스다. 앞으로 쓸데없는 짓만 하지 않으면 꾸준히 잘될 것이 확실했다.

아웃도어 할인점 창업사례

은퇴한 사람_{남자}이 유명브랜드 아웃도어 할인매장을 창업했다. 점포보증금, 인테리어비용, 상품구매비용 등으로 3억 5,000만원을 투자해 서울에 인접한 경기도 변두리에 창업했다. 아웃도어 할인점만 20여 곳이 모여 있는 입지다. 고객은 주로 출퇴근하는 손님과 이곳을 지나다니는 유동인구들과 원거리 거주자들이다. 점포규모는 100평 정도로 큰 편이고 판매가격은 유명브랜드라서 경쟁업체보다 조금 높은 편이었다. 임대료와 직원급료, 일부 대출이자 등의 고정지출로 월 1,000만원 이상을 지출했다. 잘하고 있을까?

결론부터 말해 2년을 간신히 버티고 타 회사의 아웃도어 직영매장으로 가게를 넘겼다. 투자자금의 절반 정도를 손해 봤다. 판매저조가 패인이지만 아이템과 상권, 가격정책이 맞지 않았고 규모의 창업으로 지출규모가 큰 것이 결정적인 패인이었다. 창업자는 경험부족을 실패원인으로 일축했다. 당연한 말이지만 주위의 경쟁자를 크게 의식하지 않은 것과 지출규모가 큰 것이 주된 실패원인이다. 대체로 아웃도어 규모의 매장은 본사 직영점일 때 생존할 확률이 높다. 아웃도어 할인점은 어느 정도 잘해서는 수익성을 맞추기 어렵다. 창업자는 창업하기 전에 창업상담을 받았어야 했고 창업하지 말았어야 했다는 말을 남겼다.

대중음식점 창업사례

살림만 하던 40대 두 자매가 수년을 고민한 끝에 경기도 어느 신도시에 남이 하던 대중음식점을 권리금을 싸게 주고 인수해 창업했다. 30평 점포에 보증금, 권리금, 운영비 등으로 총 7,000만원을 투자했다. 창업 2~3개월만 잘 버티면 된다는 생각과 두 사람의 기대수입으로 월수익 500만원만 되면 좋겠다는 생각으로 창업했다. 잘하고 있을까?

몸은 피곤했지만 생각대로 1년을 잘 넘겼고 수입도 생각만큼 따라줬다. 2년이 넘어서는 두 사람의 월수입은 500만원이 넘었다. 3년 되어서 문제가 생겼다. 같은 상권에 신축한 상가들이 계속해서 들어서면서 크고 작은 음식점들이 줄줄이 개업했다. 경쟁자들이 넘쳐난 것이다. 문제는 200미터도 안 되는 곳에 경쟁력을 갖춘 대형음식점이 두 곳이나 더 생겨나 고객을 빼앗아 간 것이다. 임대료가 늘고 매출은 줄어 지출이 늘어난 상황으로 바뀌었다. 4년차가 될 때는 두 사람 월수입이 200만원 정도로 떨어졌다. 힘들여 일하고 각자 월100만원의 수입이 빠듯했다. 결국 권리금을 손해보고 간신히 정리했다. 신도시의 특성을 모르고 덤빈 것이 문제였다. 즉 입지선택과 잠재 경쟁자를 생각하지 못한 것이 잘못이었고, 차별화된 메뉴가 없었기 때문에 파워풀한 신규 경쟁자의 추격에 쉽게 무너진 것이다. 그렇다면 지금 그 신도시에 음식점을 창업해 성공하는 방법은 없을까? 아무리 치열한 경쟁이 벌어져도 창업방법을 제대로 한 새로운 승자는 항상 생겨나기 마련이다.

떡볶이, 어묵가게 창업사례

경험이 없는 50대 아줌마가 5,000세대 정도 되는 동네상권 아파트 입구에 4평 되는 점포를 얻어 떡볶이, 어묵을 판매하는 가게를 총 1,000만원 정도를 투자해 창업했다. 한 달 고정지출로는 임대료, 공과잡비를 포함해 100만원 정도 지출된다. 어떻게 잘하고 있을까?

첫 달 월수입은 50만원, 둘째 달 월수입은 80만원, 셋째 달 월수익 130만원, 1년이 지난 후의 월평균수입은 200만원 이상이 됐다. 2년이 지난 지금은 알바 아줌마를 하루 2시간 정도 쓰고 있어 일도 편해졌고 시간적 여유도 생겼다. 생각해 보면 아무것도 모르고 창업했지만 우연히도 아이템, 입지, 고객선택, 가격, 지출규모를 잘 맞춰 창업한 것이다. 이 가게는 이대로 변화 없이 꾸준히 가도 안정적인 수익을 유지할 전망이다.

김밥 집 창업사례

아파트, 연립주택, 단독주택, 오피스텔 등 4,000세대 정도의 주민들과 유동인구가 조금 있는 아파트 입구에 창업한지 14년 된 김밥 집이 있다. 주인 아주머니 이야기를 들어봤다. 14년 전 투자총액은 점포 보증금 2,000만원을 포함해 총 3,500만원을 들여 창업했다. 특별한 기술 없이 열심히 정직하게 맛있는 김밥을 만들어 판매한 것이 지금까지 한 일의 전부라고 했다. 같은 상권에 네 곳의 김밥판매점이 있지만 매출은 꾸준하다고 했다. 지금도 잘하고 있을까?

그간 먹고 살고 28평형 아파트 한 채를 장만한 것이 김밥 집을 해 번 것의 전부라고 말하는 것에서 월평균수입이 300만원 이상은 충분히 되는 것이 확실했다. 입지선정을 잘했고 정직한 경영으로 고객으로부터 신뢰를 얻었고 욕심 없이 꾸준하게 착한 김밥 집으로 포지셔닝한 것이 이 김밥 집의 성공적인 차별화라면 차별화다. 대를 물려줘도 될 정도로 자리를 잘 잡아 경영하고 있다.

칼국수 집 창업사례

적은 월급으로 자녀들을 공부시키고 행복한 미래를 꿈꾼다

3_아이템, 고객, 입지, 가격, 매장컨셉을 맞춰라

는 것이 가능하지 않다는 생각으로 궁리한 끝에 직장생활을 접고 38세 된 한 아빠가 칼국수 집을 창업했다. 아내는 직장생활을 하고 남편 혼자 창업했다. 5,000세대 이상 되는 동네상권의 한 변두리에 보증금 3,000만원, 권리금, 시설비 2,500만원을 포함해 총 5,500만원을 투자했다. 칼국수 집을 선택한 것은 고향에 잘 아는 친척이 칼국수 집을 운영해 돈을 잘 벌고 있는 것을 보고 결정한 것이다. 고향의 칼국수 집에서 3주를 배워 창업했다. 잘하고 있을까?

우선 1단계 기대수익은 월수입 500만원으로 잡았다. 메뉴로는 해물칼국수, 장칼국수, 송이칼국수, 수제비칼국수, 콩국수 다섯 가지로 했다. 창업 두 달까지 월수입은 100만원이 됐다. 4개월째는 월수입은 200만원이 넘었다. 창업 8개월부터는 손님이 늘기 시작해 월수입 300만원이 넘었다. 창업 10개월 돼서는 월수입이 200만원 안 되게 떨어졌다. 여름이었기 때문이다. 첫해 1년의 월평균수입은 간신히 200만원 됐다. 뭔가 변화가 필요해 가격을 조금 내려 보았지만 매출에는 별 차이가 없었다. 좀 더 시간이 지나면 더 알려질 것을 생각하며 친절하게 열심히 노력했다. 3년이 지나 수익이 조금은 늘어 월평균수입은 250만원이 됐다. 하지만 기대수익과 거리가 멀었다. 얼마 후 매출이 갑자기 줄기 시작했고 월수익은 150만원 정도로 떨어졌다. 문제는 같은 상권에 새로 오픈한 경쟁자 때문이었다. 같은 상권 좋은 입지에 김밥, 우동, 오뎅, 돈가스, 만두, 수제비 등으로 저렴한 간편식

외식체인점이 오픈한 것이다. 우선은 입지에서 밀리고 메뉴에서, 맛에서, 가격경쟁력에서 밀렸다. 포기하지 못하고 매달리고 있지만 이 칼국수 집이 살길은 현 입지에서 정리하고 무엇이 잘못된 것인가를 알고 다시 처음부터 창업하는 것이다. 시장경제의 기본을 모르고 창업한 것이 결정적인 패인이다. 다른 곳에서 다시 창업하더라도 잘못한 마케팅방법을 바꿔야 하는 것이 이 칼국수 집이 성공할 수 있는 방법이다.

소고기 국밥집 창업사례

경험이 없는 50대 초반의 한 부부가 생각 끝에 음식솜씨를 밑천으로 어느 지방에서 소고기 국밥집을 창업했다. 3개월 정도에 걸쳐 10여 업소의 소고기 국밥집을 방문해 먹어보고 조사 분석한 후에 창업했다. 점포보증금, 인테리어 시설비 등을 포함해 총 1억 2,000만원을 투자해 창업했다. 투자자금이 부족해 점포보증금이 싼 시지역의 변두리를 선택했다. 인건비, 임대료를 줄였으며 성공할 수 있다는 자신감을 갖고 창업했다. 성공했을까?

창업 2개월 후부터 매출이 늘기 시작했고 6개월이 지나면서 지출을 뺀 월수입이 400만원을 넘었다. 창업 2년이 지나 월평균 수입은 600만원이 됐다. 6년을 경영하고 권리금을 받고 소고기 국밥집을 매도했다. 그간 번 돈으로 살림집과 음식점을 할 수 있는 3층 건물을 지어 1층에 한식전문 음식점을 창업했다. 건축비용을 충당하기 위해 은행대출을 받았고 건축업자에게 건축비 일부 빚을 졌다. 새로 창업한 한식전문점은 2년을 못 버티고 실패했다. 그로 인하여 3층 건물을 매각하고 빚을 청산함으로써 큰 손실을 봤다. 남은 돈이 별로 없었다. 아이템을 바꿔 욕심을 부린 것이 실패원인이다. 그렇게 8년을 고생한 끝에 어느 읍 단위 시골로 이사를 해 다시 소고기 국밥집을 창업했다. 창업 1년이 걸려 다행히도 자리를 잡았고 2년이 넘어선 월수입 400만원 이상이 된다. 이제는 딴 짓하지 않고 소고기 국밥집이나 열심히 하겠다는 소고기 국밥집 창업자의 말이다.

제과점 창업사례

2년 후면 남편이 은퇴하게 되는 것을 고민하던 아내가 고민 끝에 유명제과점 체인점을 창업했다. 제과점은 집에서 가까운 신규 오피스텔상가 1층 25평의 권리금 없는 신규점포를 임대했고 보증금, 시설 인테리어비용, 체인점 가입비 등으로 총 1억 8,000만원을 들여 창업했다. 잘되고 있을까?

창업 6개월 월평균수입은 지출^{대출이자 포함}을 제하고 120만원 됐고, 첫해의 1년 월평균수입은 180만원 되었다. 창업 2년째 월평균수입은 가까스로 200만원이 넘었고, 3년째 월평균수입은

250만원이 넘었다. 장사하는 요령이 생겨 매출을 좀 늘리고 지출 비용을 줄여 효과를 본 것이다. 2년 반이 지나고 남편이 퇴직해 아침저녁으로 매장 일을 도왔다. 4년째 월평균수입은 300만원이 넘었다. 매출도 조금은 늘었지만 남편 퇴직금으로 대출금을 갚았기 때문에 대출이자가 줄어든 덕분이다. 창업 5년째 접어들어 문제가 발생했다. 같은 상가에 은행이 나간 자리에 40평되는 점포를 얻어 유명제과점이 들어온 것이다. 이 제과점은 대로 건너편 200미터 쯤 떨어진 곳에서 장사하던 유명한 제과점이다.

그 후 월수입은 150만원으로 반 토막이 됐다. 시간이 지나면서 더 힘들어 졌고 스트레스까지 받았다. 같은 상가로 이전해 온 경쟁 제과점에게 좋은 길목입지을 내줬고, 매장규모와 연출, 브랜드 파워에서 밀린 것이 실패원인이다. 커피전문점을 하겠다는 사람에게 어렵게 가게를 넘기고 폐업했다. 투자한 원금은 회수했지만 창업 5년 동안 벌은 것도 없이 먹고 살고 고생만 한 꼴이 됐다. 경쟁 제과점에게 입지, 규모, 브랜드에서 밀린 것이다. 이와 같은 창업사례는 수없이 많다. 힘 있는 경쟁자가 나타나면 경쟁력이 떨어지는 창업자는 밀리는 것이 시장경쟁원리다. 창업자는 창업도서 한 권을 읽은 적이 없고 창업학습을 한 번도 받은 적이 없는 것을 후회한다고 했다.

온라인 쇼핑몰 창업사례

유통업에 경험이 조금 있는 네 명이 모여 야심찬 계획으로 건강식품 온라인 쇼핑몰을 창업했다. 온라인 쇼핑몰 구축비용, 사무실 준비비용, 광고비용, 창업 후 6개월간의 운영자금 5,000만원을 포함해 총 2억을 투자해 온라인 쇼핑몰을 창업했다. 성공했을까?

창업초기 6개월간 온라인 쇼핑몰 구축비용을 포함해 운영비 지출로 7,000만원이 지출됐고 6개월간 매출이익은 없었다. 창업 1년이 지나 운영비로 1억을 추가 지출했다. 빚을 얻어 지출했고 쇼핑몰을 업그레이드하고 쇼핑몰 광고를 했다. 2년이 지나도 월 매출은 1,000만원 되기도 어려웠다. 다시 1억의 빚을 얻어 운영비로 썼다. 창업 3년이 되도록 현상유지를 못했고 매월 적자가 누적됐다. 더 이상 자금조달방법이 어려웠고, 상품공급업체들에게 상품대금결제를 못해 시달렸다. 직원급료도 제때에 주지 못하는 형편이 되었다. 창업 3년을 버티다 투자한 4억을 모두 손해보고 갚을 빚을 만들고 폐업했다. 창업초기부터 능력에 맞지 않게 크게 벌려 운영비지출이 많았고, 온라인 유통경험이 부족한 상태에서 크게 벌려 시행착오를 겪은 것이 실패원인이었다. 온라인 쇼핑몰로 돈을 버는 창업자들도 있지만 실제로는 실패하는 창업자들이 더 많다. 그들은 작게 시작해 천천히 도전했다면 성공할 수 있었을 것이라고 말했다.

알고 하는 것이 성공창업의 키

- 기존 창업자보다 잘하든가 다르게 하든가, 작게 시작하고 지출이 적어야 살 수 있다.
- 무슨 창업을 하든지 현상유지를 할 수 있는 최소한의 확신이 있을 때 창업하라.
- 초보창업자는 시장이 검증 안 된 아이디어상품, 특허상품은 창업하지 마라.
- 창업시장을 바로 알고 철저히 준비해야 살 수 있다.
- 남다르게 창업하면 창업능력이 부족해도 성공한다.
- 아이템, 고객, 입지, 가격, 매장컨셉트를 맞춰라.
- 달라진 시장과 잠재경쟁자까지 계산해 창업해라.
- 값을 내릴 때는 빨리 내리고 올릴 때는 늦게 올려라.
- 마케팅을 알면 무엇을 하든 실패하지 않는다.

장사의 성패는 입지가 결정한다

세션포인트

　좋은 입지를 선택하여 기본 준비만 잘하면 특별한 기술이 없이도 장사를 잘할 수 있다. 비싼 보증금, 비싼 임대료, 비싼 권리금이 존재하는 이유는 좋은 입지의 가치 때문이다. 고수들은 보증금, 임대료, 권리금이 비싸도 좋은 길목에 좋은 점포 얻는 것을 주저하지 않는다.

좋은 입지의 좋은 점포는 업종과 아이템, 판매방법에 따라 중요할 수도 있고 덜 중요할 수도 있지만 대부분의 업종, 아이템에서 입지는 매우 중요하다. 옛 부터 장사의 반은 목입지이라고 말들 한다. 매출에 차지하는 입지경쟁력의 비중이 그만큼 크다는 뜻이다. 따라서 장사에서 상권과 입지는 장사의 성패를 좌우하는 중요한 경쟁력이다.

장사의 반은 목(입지)이다

비싼 임대보증금, 임대료를 감당할 수 있다면 좋은 입지에 좋은 점포를 얻어야 하는 것은 창업의 기본이다. 특히 장사는 가게 입지가 좋아야 매출을 올리는 데 힘이 덜 들고 성공할 가능성이 높아진다. 장사는 창업아이템 선택만큼이나 입지선택이 중요하다. 좋은 창업아이템이라도 가게 입지가 나쁘면 실패할 가능성이 커진다. 가게 입지가 좋으면 장사의 성공률이 높고, 가게 입지가 나쁘면 실패율이 높다. 따라서 가게 입지를 잘 잡은 창업자는 장사를 쉽게 할 수 있고, 가게 입지를 잘못 잡은 창업자는 힘들게 하다 실패한다.

앞서 말했듯이 좋은 아이템도 입지가 좋아야 장사를 잘할 수 있고 입지가 나쁘면 좋은 아이템이라도 실패할 가능성이 커진다. 장사 중에는 입지가 별로 중요하지 않은 업종이나 아이템이 있지만 대부분의 장사는 입지가 중요하다. 만약 가게 입지가 중요하지 않다면 비싼 보증금, 임대료, 권리금은 존재하지 않는다. 특히 입지를 중요하게 생각하고 자리한 사업장들을 보면 백화점, 마트, 은행, 병의원, 약국, 제과점, 핸드폰 매장, 유명체인점 등이 있다. 장사를 잘하는 모든 유명한 업체들은 싼 나쁜 입지에 오픈하지 않는다. 비싼 대가를 치르더라도 좋은 입지를 선택한다. 비싼 투자비용에 비하여 경제성이 높기 때문이다.

좋은 창업아이템이라도 창업자 능력에 따라 실패할 수도 있고 성공할 수도 있고, 입지에 따라 실패할 수도 있고 성공할 수도 있다. 입지가 나쁘면 나쁜 만큼 실패할 가능성이 커지고 좋으면 좋은 만큼 성공할 가능성이 커진다. 다시 말해 가게 입지는 성공창업을 만들기도 하고 실패창업을 만들기도 한다. 입지는 그만큼 장사에서 중요한 경쟁력이다. 또한 좋은 입지라고 보증금 임대료가 모두 비싼 것은 아니다.

좋은 입지

① 동네주민들이 많이 왕래하고 모이는 입지
② 시장, 마트, 등 대중이용시설이 많은 입지

③ 은행, 영화관, 중심상권, 노점상이 많은 입지

④ 대규모 아파트 단지로 들어가는 오른쪽 입지

⑤ 주차장을 편하게 무료 이용할 수 있는 입지

⑥ 유동인구가 많은 역세권, 정류장 등의 입지

⑦ 5,000세대 이상 동떨어진 동네상권 중심입지

⑧ 고객이 동서남북 원근각처에서 모이는 중심입지

⑨ 권리금, 보증금, 임대료가 비싼 입지

⑩ 매장이 임대매물로 잘 나오지 않는 입지

나쁜 입지

① 창업아이템과 입지환경이 맞지 않는 입지

② 주 고객들이 차도를 건너와야 하는 입지

③ 아파트 단지라도 세대수 거주인구가 적은 입지

④ 유동인구가 적은 역세권, 정류장, 터미널 입지

⑤ 유동인구가 적은 낡은 재래시장의 입지

⑥ 1,000세대 미만의 변두리 동네의 입지

⑦ 겨울철 햇빛이 적게 들고 응달이 많은 입지

⑧ 권리금, 보증금, 임대료가 싼 점포의 입지

⑨ 오랫동안 비어 있거나 미분양 점포의 입지

⑩ 창업자가 자주 바뀌는 점포의 입지

점포계약하기 전에 체크할 점

　　좋은 입지에 좋은 점포를 찾았더라도 계약하기 전에 확인하고 주의해야 할 사항들이 남아 있다. 이를 간과해 시작부터 피해보는 일이 없어야 함을 모르는 창업자는 없다. 하지만 실제로 크거나 작게 피해보는 창업자들은 많다.

① 보증금, 임대료, 권리금이 계획에 맞는지 체크한다.
② 임대인 직업, 성품을 판단해 해가 없을지 체크한다.
③ 재개발, 재건축, 점포매매로 해가 없을지 체크한다.
④ 화재, 도난, 재난 등으로 피해가 없을지 체크한다.
⑤ 과한대출, 압류가 없는지 건물등기등본을 체크한다.
⑥ 보증금이 비싸고 임대료가 싼 점포는 조심한다.
⑦ 임대계약하기 전 임차인에게 명도일자를 확인한다.
⑧ 대리인과 계약서를 쓸 때는 중개인보증을 명시한다.
⑨ 신규상가, 신규분양점포를 임대하는 경우, 분양회사, 중개인 말만 믿지 말고 분양자의 중도금, 잔금 지불일자, 준공일자, 등기일자, 입주일자를 확인한다.
⑩ 임대차보호법으로 권리를 5년간 보호 받을 수 있다.

임대차 계약서 쓰기 전에

① 건물등기부등본 소유권, 저당, 설정, 압류 등을 확인한다.

② 건축물대장을 확인한다.

③ 도시계획을 확인한다.

④ 허가업종인 경우에는 허가문제의 여부를 확인한다.

⑤ 임대인 성향 성품을 보고 명도 리스크를 확인한다.

장사의 지혜와 마케팅포인트

무슨 장사든지 창업 준비를 잘하면 성공하고 잘못하면 실패하는 것을 모르는 창업자는 없다. 하지만 많은 창업자들이 창업 준비를 잘못해 성공할 수 있는 장사를 실패한 장사로 만들어놓는다. 올바른 장사의 창업방법을 모르거나 잘못 알고 창업하기 때문이다.

상품이 잘 팔릴 수 있도록 준비하는 일이 마케팅이다. 하지만 마케팅방법을 제대로 아는 창업자들은 적다. 또한 성공창업을 하기위해 반드시 알아야 하는 것이 마케팅이다. 하지만 이를 학습하고 창업하는 사람들은 매우 적다. 장사의 지혜는 마케팅준비를 잘하는 것이고, 마케팅은 상품을 잘 팔기 위해 준비하는 것이다. 창업할 때 누구든지 마케팅준비를 하지만 많은 창업자들이 마케팅준비를 잘못해 장사를 엉터리로 해놓는다. 다시 말해 마케팅을 모르거나 잘못 알아 장사를 망치고 만다. 마케팅을 바로 알면 창업만큼 희망적이고 정년이 없고 신나는 일job도 없다.

생계형 장사의 지혜

오늘날 장사하는 방법은 어제에 장사하는 방법과 달라졌다. 능력 있는 신규 창업자들이 혁신적이고 전략적인 창업방법으로 기존 창업자들을 밀어붙여 몰아낸다. 어제 장사하는 방법으로는 밀고 들어오는 파워풀한 신규 창업자들을 막아내기 어렵다. 더 고객지향적이고 집중차별화전략으로 밀어붙이는 백화점, 대형마트, 유명체인점, 홈쇼핑, 인터넷쇼핑몰, 체인점, 전문점 등이 파워풀한 그들이다. 이제는 더 새롭고 독특하고, 디테일한 전문점,

전문가가 되지 않으면 시장에서 살아남을 수 없다. 올바른 장사의 지혜를 알고 창업해야 한다.

장사를 창업할 때

① 가진 꿈에 용기, 야망, 열정, 신념을 더해라.
② 전략적 창업계획을 세우고 철저하게 준비해라.
③ 기존 창업자보다 준비를 잘하거나 다르게 해라.
④ 아이템, 고객, 입지, 점포, 매장컨셉트를 맞춰라.
⑤ 베끼는 창업이 아니라 창조적 모방창업을 해라.
⑥ 전통만 고수하지 말고 차별화 혁신창업을 해라.
⑦ 가능한 구매원가를 낮춰 가격경쟁력을 갖춰라.
⑧ 경쟁력을 높이고 능력 있는 직원을 채용해라.
⑨ 1등 경쟁자들의 경영전략을 벤치마킹해라.
⑩ 선택과 집중으로 최고전문점, 전문가를 목표해라.

마케팅이란

마케팅이란 고객이 원하는 것을 충족시키고 매출을 끌어올리는 것으로 시장과 상품을 선택결정하고, 가격을 결정하고, 유통하고, 광고하는 일들이다. 하지만 오늘날 대한민국 시장에서는 이러한 기본 마케팅방법만으로는 통하지 않는다.

기본 마케팅, 즉 상품력, 가격경쟁력, 입지경쟁력, 연출경쟁력, 광고경쟁력을 갖추는 것만으로 마케팅준비를 잘했다고 생각하면 오산이다. 기본 마케팅에 고품질상품전략, 브랜드화전략, 혁신마케팅전략을 추가해야 한다. 날이갈수록 경쟁이 치열해지고 다양한 이유로 고객이 바뀌고 고객의 욕구와 필요가 나날이 바뀌기 때문이다. 따라서 시대환경과 글로벌화에 따라 진화하는 마케팅을 해야 하고, 현재 경쟁자들과의 경쟁은 물론 잠재경쟁자들과의 경쟁까지 계산한 마케팅을 해야 한다.

솔루션 마케팅 & 브랜드 마케팅

고객이 원하는 것을 파악하고 고객의 니즈에 맞춰 상품개발 → 판매 → 에프터 서비스로 이어져서 책임지는 개념의 마케팅이 솔루션 마케팅이다. 즉 고객의 문제를 좀 더 적극적으로 해결해주는 개념으로 매출활성화에 목표를 둔 마케팅방법이다. 브랜드를 통하여 매출을 향상시키는 브랜드 마케팅은 솔루션 마케팅과 상호보완적 관계를 갖는다.

- 솔루션 마케팅과 브랜드 마케팅은 경쟁력이다.
- 솔루션 마케팅의 기본은 좋고 싼 제품의 제공이다.
- 좋은 솔루션 마케팅은 경쟁자를 앞서는 경쟁력이다.
- 고객을 리드하는 것이 진일보한 솔루션 마케팅이다.
- 고객이 외면하면 솔루션 마케팅은 실패한 것이다.

- 생산과잉시대에는 혁신전략과 브랜드전략이 중요하다.
- 솔루션 마케팅과 브랜드 마케팅은 상호보완적이다.
- 마케팅의 파워는 성공한 브랜드전략에서 나온다.
- 상품에 지식을 더하는 서비스가 솔루션 마케팅이다.
- 브랜드 마케팅은 가격보다 품질이 더 중요하다.

마케팅 포인트

상품을 잘 팔기 위해 준비해야 할 일은 업종이나 아이템에 따라 다를 수 있지만 기본은 같다. 다만 경쟁자들이 마케팅방법을 조금씩 달리해 추격하기 때문에 이를 알고 대응해야 한다. 장사는 업종이나 아이템에 따라 1~3년의 자리 잡는 시간이 걸리는데 이때 마케팅은 더 중요하다. 경쟁자의 고객을 빼앗아오는 힘은 마케팅에서 나온다.

- 경쟁자들의 경쟁력을 조사 분석하고 마케팅해라.
- 달라진 고객니즈에 맞춰 솔루션 마케팅을 해라.
- 고객을 세분하고 세분된 고객별로 마케팅해라.
- 최고의 전문가, 전문점을 목표로 마케팅해라.
- 충성고객, 잠재고객을 만들어내는 마케팅을 해라.
- 고객의 눈높이를 높이고 상품의 품질을 높여라.
- 내 매장과 상품을 알리는 브랜드 마케팅을 해라.
- 고객과 일대일로 서비스하는 집중마케팅을 해라.

- 브랜드 마케팅으로 고객의 마음을 얻어내라.
- 쫓아가지 말고 찾아오게 하는 마케팅을 해라.

매출에 도움을 주는 자잘한 마케팅

- 긍정의 생각, 열정적 행동의 마케팅
- 상품의 가치와 혜택을 파는 마케팅
- 친절한 행동과 기분 좋은 웃음의 마케팅
- 매장연출과 상품의 정리정돈의 마케팅
- 배경음악도 매출에 도움을 주는 마케팅
- 실내향기도 매출에 도움을 주는 마케팅
- 독특한 슬로건도 매출에 도움을 주는 마케팅
- 인터넷 인프라는 매출에 도움을 주는 마케팅
- 공급자나 본사 힘을 이용하는 것도 마케팅
- 고객 피드백을 이용하는 것도 마케팅

구매가격이 비싸도 좋은 상품을 준비하는 것은 마케팅의 기본이다. 좋은 상품이란 실용성, 기능성, 효용성, 독창성이 있고 가격이 합리적인 것이다. 매출을 올리기 위해 해야 하는 것들, 즉 고객의 필요needs와 욕구wants를 충족시키는 서비스는 모두 마케팅이다.

더 좋은 마케팅은

- 좋은 마케팅은 바른 생각, 마인드에서 만들어진다.
- 좋은 마케팅은 고객과의 대화로부터 만들어진다.
- 좋은 마케팅은 고객이 이익이 되는 마케팅이다.
- 좋은 마케팅은 관점을 바꾸는 것에서 출발한다.
- 좋은 마케팅은 남보다 먼저 시도하는 것이다.
- 좋은 마케팅은 지식을 더해 서비스하는 것이다.
- 좋은 마케팅은 고객이 따라오게 만드는 것이다.

고객에게 유익과 행복과 만족을 제공하는 마케팅은 모두 중요하고 좋은 마케팅이다. 한 번을 속이면 한 번은 이익이 될지 모르지만 두 번 다시는 먹히지 않는다. 한 번을 속여 하나를 얻을 수는 있겠지만 결국은 모두를 잃게 된다. 하지만 정직과 친절한 서비스로 한 번 신뢰를 얻으면 원하는 것을 얻는다. 정직함과 친절함은 더 좋은 마케팅이고 창업정신이다.

6

월수 300~500만원 창업디자인

창업은 날이 갈수록 힘들어지고 있다. 월 200~300만원 버는 일도 어렵다. 경쟁자들은 점점 더 많아지고 소비자의 바람은 더 커지고 있다. 하지만 창업시장경제를 알고 창업하면 월 1,000만원 수입도 올릴 수 있다. 다만 시장경제를 바로 알고 제대로 창업해야 한다.

2015년 기준 대한민국 생계형 창업자는 600만명, 월수입 200만원도 안 되는 창업자가 60%, 매년 100만 명의 창업자가 생겨나고 80만 명이 문을 닫는다. 창업 5년 내에 10명 중 7명이 폐업한다. 각오가 서지 않았다면 섣불리 창업하지 마라. 하지만 장사하는 방법을 바로 알고 계획하고 철저하게 준비하면 성공창업을 할 수 있다. 창업할 때는 창업자금이 중요하지만 창업자금이 없거나 적어도 창업방법을 바로 알고 건강한 창업자 정신, 신념과 의지, 용기와 자신감만 있으면 성공창업을 할 수 있다. 사실이다.

창업자가 알아둘 점

- 오늘날은 장사도 창업경영을 모르면 실패한다.
- 돈과 용기만으로는 안 된다. 시장을 알아야 한다.
- 마케팅과 세일즈를 모르고 창업하면 실패한다.
- 선택시장의 경쟁자 전략을 읽고 도전해야 한다.
- 규모가 작아도 창업디자인이 독특하면 성공한다.
- 가능한 한 경쟁자보다 좋은 입지를 선택한다.
- 기존 창업자보다 싸구려 창업을 하면 실패한다.
- 요리솜씨만 믿고 음식점을 창업하면 실패한다.
- 태권도 실력만 믿고 태권도장을 하면 실패한다.

- 아이들을 좋아한다고 어린이집을 하면 실패한다.

생계형 창업자들이 많이 실패하는 이유는 자신의 소질, 적성, 좋아하는 것만을 생각하고 덤벼들기 때문이다. 생계형 창업은 무엇보다 판매기술^{세일즈}이 중요하다. 판매를 잘하려면 먼저 입지가 좋아야 하고 마케팅과 세일즈를 알아야 한다. 입지는 마케팅과 세일즈 못지않게 중요하다. 만약 경쟁자보다 좋은 입지에 자리할 수 없다면 경쟁자보다 마케팅을 잘해야 한다. 창업 후 자리를 잡으면 신규 경쟁자가 밀고 들어오기 전에 경쟁력을 높이는 혁신마케팅을 해야 한다.

오늘날 장사는 경험이 있는 사람이든 없는 사람이든 힘들어졌다. 기존에 창업한 사람들과 경쟁해야 하고, 앞으로 창업할 사람들과 경쟁해야 하고, 고객들과 경쟁해야 하기 때문이다. 따라서 장사는 그때그때의 다양한 경쟁자를 이기고, 고객을 리드할 수 있는 경영능력이 있어야 한다. 오늘 장사를 잘하고 있어도 내일 나보다 힘 있는 경쟁자가 나타나면 모레는 망하는 것이 창업시장의 원리다. 고객은 냉정하다. 더 좋은 제품이나 서비스를 제공하는 새로운 창업자가 나타나면 언제든지 떠난다. 따라서 생계형 창업자들은 남과 다른 나만의 독특한 장사를 해야 한다.

장사할 때 빼놓을 수 없는 또 한 가지 중요한 것은 감당할 수 없는 빚을 내 창업하지 말아야 한다는 것이다. 빚내 창업하면 실패할 확률이 높아지고 빚 없이 시작하면 성공할 확률이 높아진다. 장사는 멋과 규모를 위주로 창업하면 실패한다. 없으면 없는 대로 시작하고 작으면 작은 대로 시작해야 한다. 능력에 맞게 창업해야 성공하고 능력을 초과해 창업하면 실패한다. 오늘날의 장사는 남다른 독특한 창업을 디자인해야 한다.

생계형 창업을 디자인할 때

- 사업성, 수익성, 경쟁자, 시장성분석을 먼저 해라.
- 빚내 창업할 계획을 하지 말고 가진 능력에 맞춰라.
- 창업시장과 경쟁자를 충분하게 알고 창업해라.
- 검증 안 된 아이디어제품, 신제품은 손대지 마라.
- 좋아하는 아이템보다 사업성을 먼저 분석해라.
- 힘 있는 경쟁자를 피한 입지선택을 계획하라.
- 초기투자, 초기지출을 줄인 창업계획을 세워라.
- 조금이라도 남다르게 디자인하고 작게 시작해라.
- 현상유지 할 때까지 운영할 예비비를 준비해라.
- 앞으로 나타날 잠재경쟁자까지 계산해 디자인하라.

많은 사람들이 덤비는 장사는 사업성이 검증된 장사지만 경쟁자가 많아 수익성이 적고 위험성이 크다. 따라서 남들이 많이 덤비는 흔한 장사를 창업할 때는 고객점유율을 높일 수 있는 마케팅방법을 찾아야 한다. 즉 디퍼런트한 마케팅방법으로 고객을 끌어당겨 매출을 늘리고 지출을 줄여 기본수익을 확보하는 창업 계획을 짜야 한다. 다음 업종의 창업디자인 사례를 통하여 사업 성분석방법과 창업 포인트에 대하여 학습해 보자.

소규모 커피전문점 창업

많은 사람들이 창업하는 커피전문점은 어떻게 하는 것이 좋을까? 많은 사람들이 창업한다는 것은 시장성이 안전하다는 좋은 점도 있지만 수익성이 적고 경쟁에 따른 위험성이 따른다는 점도 있다. 커피전문점은 커피를 마신다는 장소보다 만남의 장소로서의 의미가 많다. 창업자금을 적게 들여 창업할 수 있고, 특별한 기술 없이도 창업할 수 있기 때문에 쉽게 시작할 수 있는 업종이다. 이는 그만큼 실패할 위험성도 있고 수익성도 떨어진다는 점도 된다.

① 업종평가 – 수익성, 시장성 보통, 위험성 보통
② 시장분석 – 경쟁업체, 가격, 시장규모 분석
③ 시장선택 – 오피스, 대학, 유원지, 식당가, 지역주민
④ 입지선택 – 저렴한 임대료, 유동인구가 많은 중심상권
⑤ 점포임차 – 보증금 2,000만원, 임대료 150만원 선에서 선택
⑥ 시설투자 – 인테리어 시설 1,000~2,000만원, 예비비 500만원
⑦ 고정지출 – 임대료, 알바급료, 운영비 총 월 200만원 정도
⑧ 가격정책 – 고품질 저가격정책, 메뉴별 가격차별화

⑨ 차별전략 – 가격, 품질, 매장연출, 서비스의 차별화
⑩ 투자총액 – 총투자 3,500∼5,000만원으로 창업
⑪ 예상수익 – 월 200∼300만원, 방법에 따라 월수입 500만원 가능
⑫ 창업포인트
  – 임대료가 저렴하면서 미팅 장소로 좋은 입지 선택
  – 미팅분위기 인테리어, 질 좋은 원두조달
  – 생과일주스, 토스트 등의 추가 메뉴개발
  – 유동인구 많은 중심상권은 테이크아웃 병행 전략
  – 가격위주의 편의성전략이 좋다.

김밥전문점 창업

김밥전문점은 시장성이 검증된 장사로 투자규모와 지출을 줄이고 입지선택을 잘하면 리스크가 적고 특별한 창업노하우가 없어도 창업할 수 있는 아이템이다. 김밥전문점답게 창업하면 소자본 창업으로도 먹고 살만하다. 비수기가 없고 경기를 타지 않는 것도 창업의 장점이다.

① 업종평가 – 수익성, 시장성 보통, 위험성 낮음
② 시장분석 – 경쟁자, 판매가격, 고객동선 분석
③ 시장선택 – 동네상권, 오피스, 등산로 등 유동고객
④ 입지선택 – 저렴한 임대료, 유동인구가 많은 상권

⑤ 점포임차 – 보증금 1500만원, 임대료 100만원 선에서 선택

⑥ 시설투자 – 인테리어 시설 1,000~1,500만원, 예비비 500만원

⑦ 고정지출 – 임대료, 알바급료, 운영비 총 월 200만원 정도

⑧ 가격정책 – 고품질, 저가격정책, 메뉴별 가격차별화

⑨ 차별전략 – 가격, 품질, 배달 서비스 방법 등 차별화

⑩ 투자총액 – 총투자 2,500~4,000만원으로 창업

⑪ 예상수익 – 월 200~300만원, 방법에 따라 월수입 500만원 가능

⑫ 창업포인트

　－3,000세대 이상의 동네중심상권, 사무실 학교상권

　－질 좋은 식자재 사용과 맛있는 김밥 만들기

　－떡볶이, 어묵, 돈까스, 국수 등의 추가 메뉴개발

　－배달판매방법을 연구하고 도전한다.

　－가격위주의 편의성전략이 좋다.

　－웹사이트, 홈페이지 등 구축

맛있는 반찬가게 창업

　여성창업자들에게 적합한 소자본 창업이다. 젊은 남자도 적성에 맞으면 도전해볼만하다. 반찬가게는 1인 세대, 맞벌이 세대가 늘어남에 따라 시장성이 커지고 있다. 적합한 입지를 선택하고 지출을 줄이고 나만의 독특한 메뉴를 개발하면 성공할 확률이 높다. 반찬종류, 품질과 맛, 서비스 방법 등을 차별화하면 승

산이 있고 비수기가 없다.

① 업종평가 – 수익성, 시장성 보통, 위험성 낮음
② 시장분석 – 마트, 시장, 경쟁자 가격, 포장단위 분석
③ 시장선택 – 5,000세대 이상 시장규모의 동네상권
④ 입지선택 – 시장이나 마트 경쟁을 피한 동네상권
⑤ 점포임차 – 보증금 2000만원, 저렴한 임대료 좋은 점포
⑥ 시설투자 – 인테리어 시설 1,000~1,500만원, 예비비 500만원
⑦ 고정지출 – 임대료, 알바급료, 운영비 총 월 250만원 정도
⑧ 가격정책 – 고품질, 저가격정책, 메뉴별 가격차별화
⑨ 차별전략 – 메뉴개발, 품질, 청결매장, 서비스 차별화
⑩ 투자총액 – 총투자 3,000~4,000만원으로 창업
⑪ 예상수익 – 월 200~300만원, 방법에 따라 월수입 400만원
  가능
⑫ 창업포인트
  – 5,000세대 이상 시장규모의 동네중심상권
  – 질 좋은 식자재 사용과 맛있는 메뉴개발
  – 나만의 독특한 메뉴개발의 차별화
  – 배달서비스 연구하고 도전
  – 가격위주의 편의성전략이 좋다.
  – 웹사이트, 홈페이지 등 구축

반찬가게와 김밥집 퓨전 창업

　　한 점포에 반찬가게를 위주로 하여 김밥코너를 붙이는 숍인숍 개념 또는 김밥가게를 위주로 하여 반찬가게 코너를 붙이는 숍인숍 개념의 퓨전 창업방법이다. 한 가게에 두 가지 업종을 창업함으로써 매출을 늘리고 지출을 줄이는 혁신 창업전략이다.

① 업종평가 – 수익성, 시장성 보통, 위험성 조금
② 시장분석 – 동일업종의 경영전략, 소비자 분석
③ 시장선택 – 5,000세대 이상 동네상권의 대중고객
④ 입지선택 – 보증금, 임대료가 저렴한 동네중심상권
⑤ 점포임차 – 적합한 점포임차, 보증금 2,000~3,000만원
⑥ 시설투자 – 인테리어 시설 1,500~2,500만원, 예비비 500만원
⑦ 고정지출 – 임대료, 직원급료, 운영비 총 월 450만원내외
⑧ 가격정책 – 고품질, 저가격정책, 메뉴별 가격차별화
⑨ 차별전략 – 맛, 품질, 가격, 매장, 프로모션의 차별화
⑩ 투자총액 – 총투자 4,000~6,000만원으로 창업
⑪ 예상수익 – 월 300~400만원, 방법에 따라 월수입 500만원 가능
⑫ 창업포인트
　　– 5,000세대 이상 시장규모의 동네중심상권
　　– 맛, 품질, 가격경쟁력이 관건
　　– 독특한 메뉴개발, 퓨전창업의 마케팅 구상
　　– 임대료 등 운영비지출을 줄인다.

- 가격위주의 편의성전략이 좋다.
- 웹사이트, 홈페이지 등을 구축한다.

편의점과 김밥집 퓨전 창업

편의점에 김밥코너를 붙이는 숍인숍 개념의 창업전략이다. 이 또한 한 가게에 두 가지 업종을 창업함으로써 매출을 늘리고 지출을 줄일 수 있는 혁신창업이 될 수 있다. 편의점과 김밥집 퓨전창업이 가능한 상권에서 남보다 먼저 시작하는 것도 중요하다. 모든 편의점에 김밥집을 붙여 창업하면 안 된다.

① 업종평가 – 수익성, 시장성 보통, 위험성 조금
② 시장분석 – 시장규모, 유사업종 경쟁자, 소비자 분석
③ 시장선택 – 5,000~10,000세대 이상의 대중고객
④ 입지선택 – 임대료가 저렴하며 유동인구가 많은 곳
⑤ 점포임차 – 적합한 점포임차, 보증금 3,000~5,000 만원
⑥ 시설투자 – 인테리어 시설 4,000~6,000만원, 예비비 1,000만원
⑦ 고정지출 – 임대료, 직원급료, 운영비 총 월 500만원
⑧ 가격정책 – 고품질, 저가정책, 메뉴별 가격차별화
⑨ 차별전략 – 맛, 품질, 가격, 매장, 프로모션의 차별화
⑩ 투자총액 – 총투자 7,000~1억2,000만원으로 창업
⑪ 예상수익 – 월 300~500만원, 방법에 따라 월수입 600만원

기능
⑫ 창업포인트
　　－10,000세대 이상의 중심상권의 임대료가 저렴한 곳
　　－경쟁우위의 좋은 입지를 선점한다.
　　－독특한 메뉴개발, 퓨전창업 마케팅 구상
　　－임대료, 인건비 등 운영비지출을 줄인다.
　　－가격위주의 편의성전략이 좋다.
　　－웹사이트, 홈페이지 등을 구축한다.

건강 생과일채소주스 판매점 창업

　아직까지는 경쟁자가 많지 않은 창업아이템이다. 건강케어에 관심을 갖는 사람들이 많아지고 있는 오늘날에 적합한 창업아이템이지만 마케팅방법이 관건이다. 이미 성공한 창업자들이 있고 커피전문점보다 시장성은 작지만 수익성이 있고 도심의 중심상권에 적합한 아이템으로 적합한 입지선택과 좋은 원재료를 준비해야 하는 것이 관건이다.

① 업종평가 – 수익성, 시장성 보통, 위험성 약간 높음
② 시장분석 – 백화점, 마트, 시장상권, 소비자 분석
③ 시장선택 – 중심상권, 오피스, 10,000세대 이상 규모
④ 입지선택 – 중심상권, 오피스, 대형 아파트단지 상가
⑤ 점포임차 – 적합한 점포임차, 보증금 3,000~4,000만원

⑥ 시설투자 – 인테리어, 시설 1,500~2,500만원, 예비비 500만원

⑦ 고정지출 – 임대료, 직원급료, 운영비 총 월 350만원 내외

⑧ 가격정책 – 고품질, 메뉴별 저·중·고가격차별화전략

⑨ 차별전략 – 건강메뉴, 질환별케어, 배달서비스 구상

⑩ 투자총액 – 총투자 4,000~7,000만원으로 창업

⑪ 예상수익 – 월 200~400만원, 방법에 따라 월수입 500만원 가능

⑫ 창업포인트

　– 오피스가, 10,000세대 이상의 시장규모의 상권

　– 질환별 케어주스개발, 배달서비스 방법의 연구

　– 만성질환 예방 및 치료에 도움이 되는 메뉴 개발

　– 다이어트, 허약체질 어린이, 수험생 등에 포커스

　– 품질위주의 충실성전략이 좋다.

　– 웹사이트, 홈페이지 등을 구축한다.

약선요리밥상 창업

건강을 생각하는 중상층 고객을 타깃으로 한 비전형 창업이다. 아직은 시장성이 크지는 않지만 머지않은 미래에 시장성은 충분히 커질 가능성이 많다. 대중적인 창업아이템은 아니지만 이미 성공한 창업자가 있고 건강케어 서비스를 플러스한 마케팅 전략의 구사가 좋으나 다소 많은 창업자금이 필요하다.

① 업종평가 – 수익성, 시장성, 비전성 있고, 위험성 보통
② 시장분석 – 약선요리, 궁중요리음식점의 시장분석
③ 시장선택 – 사무실, 관공서, 원근거리 중상층 고객
④ 입지선택 – 주차하기 편하고 쾌적한 입지선택
⑤ 점포임차 – 계획에 맞는 점포임차, 보증금 5,000~2억원
⑥ 시설투자 – 인테리어 시설 5천~1억, 예비비 1,000만원
⑦ 고정지출 – 임대료 직원급료 운영비 등 월 1,000만원 정도
⑧ 가격정책 – 고품질, 고가격의 차별화전략
⑨ 차별전략 – 질환별 케어를 서비스로 하는 차별화전략
⑩ 투자총액 – 총투자 1억~3억 원으로 창업
⑪ 예상수익 – 월 500~1,000만원, 방법에 따라 월수입 1,500
만원 가능
⑫ 창업포인트
  – 충분한 시장조사와 철저한 준비가 창업의 관건
  – 초보창업자는 처음부터 규모의 창업을 피한다.
  – 질환별 케어의 메뉴개발, 대중화 건강식 메뉴개발
  – 만성질환자, 건강케어 관심고객을 겨냥한 마케팅
  – 고품질위주의 충실성전략이 좋다.
  – 웹사이트, 홈페이지 등을 구축한다.

고향 농수산물 판매점 창업

질 좋은 농수산물을 준비하는 것이 관건이고 시장성, 수익

성, 비전성이 있으나 위험성이 조금 높은 편의 창업아이템이다. 자리를 잡을 때까지 조금은 어려움이 있지만 한번 자리를 잡고 나면 경쟁력을 유지할 수 있고 수익성을 확보할 수 있다.

① 업종평가 – 수익성, 비전성 있고, 위험성 보통
② 시장분석 – 구매시장, 농수산물 판매시장, 시장분석
③ 시장선택 – 원근거리 고객, 10,000세대 이상 시장규모
④ 입지선택 – 교통 주차가 편하고 주거지와 가까운 곳
⑤ 점포임차 – 임대료 관심 30~60평, 보증금 5,000~1억원
⑥ 시설투자 – 인테리어 시설 2,000~4,000만원, 예비비 1,000만원
⑦ 고정지출 – 임대료, 직원급료 운영비 총 월 600만원 내외
⑧ 가격정책 – 시장조사, 품질경쟁력, 가격경쟁력 갖춤
⑨ 차별전략 – 품질, 가격경쟁력, 서비스 마케팅 차별화
⑩ 투자총액 – 총투자 8,000~1억 5,000만원으로 창업
⑪ 예상수익 – 월 300~500만원, 방법에 따라 월수입 700만원 가능
⑫ 창업포인트
　– 농산물 판매유통경험을 쌓은 후 창업하는 것이 좋다.
　– 내 고향 농수산물만을 고집하지 않는다.
　– 품질위주전략, 정직한 유통을 경쟁력으로 한다.
　– 직장, 공동체, 교회, 아파트 등 공동구매처 발굴
　– 충실성전략과 편의성전략을 병행한다.
　– 웹사이트, 홈페이지 등을 구축한다.

프리랜서 창업

　　독립적으로 자유롭게 일하는 사람, 1인 사업가라고 할 수 있는 프리랜서는 창업자금 없이도 도전할 수 있는 무자본 비전 창업이다. 자질이 어느 정도는 있어야 하고 전문지식, 노하우가 필요하고 마케팅방법을 알아야 하고 경험과 전문지식이 있어야 하지만 반드시 처음부터 많은 경험과 전문지식을 갖춰야 창업할 수 있는 것은 아니다. 도전이 먼저고 경험과 지식은 일하면서 차츰 쌓아가도 된다. 많은 전문지식보다 도전하는 용기가 더 중요하다.

① 업종평가 – 사업성, 비전성 높고 위험성 조금
② 시장분석 – 기존 프리랜서, 컨설턴트 경영전략 분석
③ 시장선택 – 창업예정자, 창업자, 특정직업 고객
④ 입지선택 – 입지의 중요성 무관
⑤ 점포임차 – 점포의 중요성 무관
⑥ 시설투자 – 자리 잡은 후 개인사무실 필요하다.
⑦ 고정지출 – 광고비용, 유지비용 다소 필요하다.
⑧ 가격정책 – 고객위주 충실성전략, 적합한 코칭 fee
⑨ 차별전략 – 독특한 틈새시장을 찾아 창업한다.
⑩ 투자총액 – 차량, 장비 등 창업초기비용 다소 필요
⑪ 예상수익 – 월 0~500만원, 능력에 따라 월수입 1,000만원 가능

⑫ 창업포인트
  - 전문지식, 기술, 경험이 관건, 여성 창업자가 유리
  - 5~10년 이상 업무경력, 도전하는 용기가 관건
  - 독특한 분야, 틈새시장을 선택하는 것이 유망하다.
  - 틈새시장, 잠재시장을 발굴, 전문가로 포지셔닝
  - 고객욕구를 충족시키는 충실성전략이 좋다.
  - 웹사이트, 홈페이지 등을 구축

창업메이커 프리랜서 창업

창업메이커^{창업을 만들어주는 전문가를 뜻함}라고 하면 창업컨설턴트로 생각할 수 있지만 이와는 하는 일이 조금 달라 창업메이커라고 지칭했다. 창업컨설턴트와 비슷한 일을 하지만 서비스 내용이 다르다. 창업메이커란 창업을 코칭하는 것이 아니라 창업전체 또는 창업의 일부분을 의뢰인과 함께한다. 즉 고객의뢰로 성업 중인 좋은 가게의 매물을 찾아주거나, 창업을 함께 하거나, 고객요구에 따라 업종선택하기, 창업사업계획서 만들기, 창업타당성코칭, 인테리어코칭, 창업입지개발 등을 대신 해주는 일을 한다. 다양한 분야에 걸쳐 창업의 전문지식과 노하우가 있어야 하지만 한 분야의 전문지식과 노하우만 있어도 도전할 수 있고 남녀 모두 가능한 비전형 창업이다.

① 업종평가 – 사업성 비전성 높음, 론칭의 어려움 있음

② 시장분석 – 기존 창업컨설턴트 경영전략 분석

③ 시장선택 – 잘 알고 잘할 수 있는 분야의 창업예정자

④ 입지선택 – 입지의 중요성 무관

⑤ 점포임차 – 점포의 중요성 무관

⑥ 시설투자 – 자리 잡은 후 개인사무실 필요하다.

⑦ 고정지출 – 광고비용, 유지비용 다소 필요하다.

⑧ 가격정책 – 충실성전략에 따른 가격정책

⑨ 차별전략 – 틈새시장 개발, 선택과 집중 차별화전략

⑩ 투자총액 – 차량, 장비 등 창업초기비용 다소 필요

⑪ 예상수익 – 월수입 0~500만원, 경력에 따라 월수입 1,000만원 가능

⑫ 창업포인트

 – 남녀창업가능, 업무경험, 전문지식, 기술, 노하우

 – 용기가 필요하고 3~5년의 론칭시간 소요됨

 – 독특한 분야, 틈새시장 찾는 것이 좋다.

 – 창업메이커 전문가로 포지셔닝

 – 집중서비스방법의 충실성전략이 좋다.

 – 웹사이트, 홈페이지 등을 구축

 – 병의원개원 서비스, 약국의 개국서비스, 한의원, 어린이집, 미장원 등 특수 업종을 고객으로 개발하면 좋다.

독특한 아이템 오프라인, 온라인 몰 창업

독특한 상품, 특별한 상품, 최고급상품을 준비해 판매하는 오프라인 매장과 온라인 쇼핑몰을 병행 창업하면 좋다. 독특하고 특수한 최고급상품을 준비하는 것이 관건이다. 질 좋은 독특한 상품을 적합한 가격으로 구매하고 작게 시작하고 천천히 키우면 승산이 있다. 판매유통경험과 마케팅 감각이 있는 사람이라면 도전해 볼 가치가 크다.

① 업종평가 – 시장성, 수익성 높고, 위험성 조금
② 시장분석 – 유사한 업종의 시장성, 소비성분석
③ 시장선택 – 오프라인 지역상권, 온라인 전국 고객
④ 입지선택 – 중상층의 중심상권, 온라인의 경우 무관
⑤ 점포임차 – 오프라인 매장의 적합한 점포
⑥ 시설투자 – 오프라인 2,000만원 이상, 온라인 300만원
⑦ 고정지출 – 오프라인 500만원, 온라인 100만원
⑧ 가격정책 – 고품질, 고가정책, 상품에 따라 가격차별화
⑨ 차별전략 – 독특한 상품준비로 차별화
⑩ 투자총액 – 오프라인 6,000만원, 온라인 2,000만원 정도로 창업
⑪ 예상수익 – 월수입 200~500만원, 방법에 따라 월수입 1,000만원 가능
⑫ 창업포인트
  – 독특한 상품준비와 집중 마케팅전략의 구사

- 독특한 상품, 의류, 신발, 가방, 쥬얼리, 주방용품 등
- 유사업종 오프라인 매장, 온라인 쇼핑몰 벤치마킹
- 작게 시작하고 천천히 키워간다.
- 충실성전략이 좋다.
- 웹사이트, 홈페이지 등을 구축

독서실 창업

우리나라 교육의 특수성을 생각하면 얼핏 보기에 창업의 승산이 있어 보인다. 하지만 과거의 주거환경, 교육한경에 비하여 현재의 주거환경, 교육환경에서는 독서실의 이용가치가 많이 작아졌다. 즉 시장성과 수익성이 과거에 비해 작아졌다. 하지만 적은 투자와 큰 기술 없이도 창업할 수 있고 위험성이 적은 점 때문에 창업하는 사람들이 있다.

① 업종평가 – 수익성 낮음, 비전성 없음, 위험성 조금
② 시장분석 – 독서실 시장규모, 경쟁업체 분석
③ 시장선택 – 초중고 대학생 등을 고객으로 함
④ 입지선택 – 교통이 좋고 쾌적한 입지선택
⑤ 점포임차 – 3층 이상으로 보증금, 임대료 저렴한 곳
⑥ 시설투자 – 인테리어 시설 2,000~3,000만원, 예비비 1,000만원
⑦ 고정지출 – 임대료, 직원급료 운영비 총 월 300만원 내외

⑧ 가격정책 – 경쟁업체를 참고해 결정한다.

⑨ 차별전략 – 쾌적한 환경, 서비스 마케팅 차별화

⑩ 투자총액 – 총투자 4,000~7,000만원으로 창업

⑪ 예상수익 – 월수입 200~300만원, 방법에 따라 월수입 400만원 가능

⑫ 창업포인트

– 시장규모, 경쟁업체를 정확하게 조사한다.

– 쾌적하고 임대료가 싼 입지선택이 관건

– 남다른 서비스를 경쟁력으로 한다.

– 창업초기 광고에 투자한다.

– 편의성전략이 좋다.

– 웹사이트, 홈페이지 등을 구축

실버용품 판매점 창업

실버용품 판매시장은 블루오션으로 생각할 수 있으나 아직은 시장이 덜 성숙되어 있고 소비성이 약하다. 하지만 시장규모가 커지고 있는 것은 확실하다. 어떻게 마케팅 하느냐가 관건이다.

① 업종평가 – 시장성, 수익성, 비전성 보통, 위험성 조금

② 시장분석 – 실버시장규모, 소비형태 분석

③ 시장선택 – 10,000세대 이상의 시장규모가 되어야 함

④ 입지선택 – 매장 입지의 중요성이 덜하다.

⑤ 점포임차 – 1층 보증금, 임대료 저렴한 곳

⑥ 시설투자 – 시설, 상품대 3,000~4,000만원, 예비비 1,000 만원

⑦ 고정지출 – 임대료, 직원급료 운영비 총 월 300만원 내외

⑧ 가격정책 – 경쟁업체와 동일하거나 조금 저렴하게

⑨ 차별전략 – 상품종류, 서비스 마케팅의 차별화전략

⑩ 투자총액 – 총투자 5,000~8,000만원으로 창업

⑪ 예상수익 – 월 200~300만원, 방법에 따라 월수입 600만원 가능

⑫ 창업포인트

   – 10,000세대 이상 상권의 중상층 실버고객에 포커스

   – 고객별 건강케어 마케팅

   – 시니어의 소비변화에 주목한다.

   – 창업초기 광고와 서비스에 투자한다.

   – 충실성전략과 편의성전략 중 선택한다.

   – 웹사이트, 홈페이지 등을 구축한다.

보이지 않는 경쟁자를 조심해라

힘들여 어렵게 창업을 했다면 잊지 말고 기억해 둘 것이 있다. 바로 보이지 않는 경쟁자를 조심해야 한다. 특히 소자본 창업자들이 귀담아 들어야 할 조언이다. 창업 후 1~2년 또는 3~4년에 걸쳐 어렵게 자리를 잡아가기 시작하면 예상하지 못했던

파워풀한 새로운 창업자들이 밀고 들어온다. 힘들게 창업을 해놓고 먹고 살만해지면 이러한 문제에 부딪쳐 실패하는 창업자들이 많다. 이미 닥친 글로벌 경쟁시대와 고용사회가 무너져가고 있는 내일은 더 빈번하게 일어날 수 있는 일들이다. 자리를 잡았다고 안주하지 말고 앞으로 밀고 들어올 잠재경쟁자까지도 조심해야 하는 것이 중요하다. 어떻게 대비하면 좋을까?

- 나만의 독특한 경쟁력을 갖춘 창업을 준비한다.
- 한 가지라도 독특한 최고전문가, 전문점을 만든다.
- 기존경쟁자, 잠재경쟁자를 계산하고 창업한다.
- 가능하면 입지선택을 할 때 틈새를 주지 않는다.
- 안정궤도에 들어서면 반드시 혁신하고 점프한다.
- 나날이 달라지는 변화를 주시하고 대응한다.

장사할 때, 체인점 할 때 체크할 점

섹션포인트

　　장사할 때, 체인점 할 때 알고 준비해야 할 것을 간과함으로써
어렵게 시작한 창업을 실패하는 창업자들이 많다. 얕은 지식과 지혜
만으로 창업하는 사람들은 대부분 창업준비를 잘못해 실패하고, 체
인점 본사의 말만 믿고 창업하는 체인점은 성공하는 경우보다 실패
하는 경우가 많다.

잘못 알고 창업하거나 준비해야 할 것을 간과함으로써 큰 손해를 보거나 실패하는 창업자는 많다. 창업은 머리가 좋아야 잘하는 것이 아니고, 인터넷을 뒤져 따라한다고 되는 것도 아니고, 성공한 창업자를 카피한다고 되는 것도 아니다. 반복해 말하지만 창업에 매뉴얼은 없다. 그때그때의 시대환경, 경쟁자와의 관계, 가진 패에 따라 방법이 달라져야 한다. 이 문제를 해결하려면 창업시장경제를 알고 전략적으로 계획하고 철저하게 준비하는 사고방식이 필요하다.

장사할 때 체크할 점 열 가지

장사를 창업할 때는 사업성분석, 즉 위험성, 수익성, 비전성, 환금성 분석을 해야 한다. 성공창업의 매뉴얼은 없다. 장사는 시대환경, 경쟁자, 창업할 지역의 고객에 맞춰 준비해야 한다. 판매자 입장에서 최선을 다하고 있다고 해도 고객이 받아들이는 느낌이 다르면 잘못한 창업이다. 창업자에게 조금 손해가 되더라도 소비자에게 좋은 것이라고 생각하면 망설이지 말아야 한다. 대부분 앞서 학습한 내용이지만 한 번 더 정리해 복습한다.

체크1, 어떤 장사를 할 것인가

내 적성에 맞는 업종이나 아이템이라도 위험성이 있으면 안 되고, 시장성, 수익성, 비전성, 환금성이 없으면 안 된다. 경쟁이 치열한 업종은 대부분 수익성이 작다. 모든 사람들이 유망하다고 덤비는 장사는 사업성은 있지만 수익성이 떨어진다. 따라서 많은 사람들이 덤비는 유망업종을 창업한다면 시장점유율을 높일 수 있는 마케팅 능력이 있어야 한다. 하지만 남들이 외면하고 버린 아이템은 위험성이 있지만 때로는 대박의 기회가 있다. 다만 시장성과 수익성을 만들어낼 수 있어야 한다. 어떤 장사를 할 것인지 업종선택은 신중해야 한다.

- 소문난 유망업종은 경쟁이 심하고 수익성이 작다.
- 성숙기 아이템은 수익성이 작고 위험성이 있다.
- 많은 사람이 잘하고 있는 아이템은 피하는 것이 좋다.
- 성공창업의 공통점은 역발상을 통한 차별화다.

체크2, 어떤 소비자를 고객으로 할 것인가

창업아이템과 맞는 소비자를 선택해라. 어떤 소비자를 내 고객으로 할 것인가는 중요한 문제다. 소비자의 연령대, 소득수준, 직업, 성별 등을 분석하여 어떤 소비자를 내 고객으로 선택하고 집중할 것인가를 결정하는 일로 시장규모와 시장성을 따져 어떤 소비자를 선택해 주 타깃으로 하고 집중할 것인가를 계획해야 하는 일은 중요하다.

체크3, 내 경쟁자는 누구인가

창업할 업종과 아이템을 결정하면 전략적 창업계획을 세워야 한다. 이때 시장조사를 통하여 준비해야 할 것에서 중요한 것이 내 경쟁자를 알고 창업계획을 세우는 것이다. 즉 경쟁해야할 대상을 알고 그 경쟁자와 어떻게 경쟁할 것인가를 생각하고 자신의 능력에 맞는 창업계획을 세워야 한다. 고객에게 경쟁자보다 어떻게 더 좋은 서비스 마케팅을 할 것인가를 계획해야 한다.

체크4, 어떤 입지를 선택할 것인가

고객의 흐름^{고객동선}을 체크해 창업아이템에 맞는 입지를 선택하는 일은 중요하다. 누차 강조하지만 상권분석은 필수로서 아이템과 창업전략에 맞는 좋은 입지에 자리하는 것은 매우 중요하다. 중심상권의 유동인구가 많은 곳은 임대료가 비싸도 수익성이 높다. 창업자금이 부족해 싼 입지의 점포를 얻거나, 비싼 임대료를 수용하지 못해 임대료가 싼 점포를 얻었다면 마케팅을 달리하는 방법으로 고객을 끌어당겨야 한다. 그런데 부족한 경영능력을 알면서도 비싼 임대료가 아까워 임대료가 싼 입지를 선택하는 하수의 창업자들은 많다. 비싼 임대료에 의한 매출향상의 경제적 가치는 싼 임대료로 절약되는 경제적 가치보다 훨씬 크다. 입지를 끈질기게 잘 찾으면 보증금 임대료가 싸면서도 좋은 입지를 찾을 수 있다.

체크5, 인테리어를 어떻게 할 것인가

매장 인테리어는 마케팅기술의 한가지며 매출과 직결되는 요소로 창업아이템과 판매방법에 맞춰 설계해야 한다. 기존 경쟁업체들의 인테리어 관찰을 통하여 전략에 맞게 인테리어를 설계하는 것이 좋다. 동종업계에서 5년 이상의 경력이 있는 인테리어 전문가에게 매장 인테리어 시공을 맡기는 것이 올바른 방법이다. 잘 알거나 친인척의 인테리어 시공업자라도 동종업계에서 인테리어를 시공한 경력이 없다면 인테리어 시공을 맡기지 않는 것이 좋다.

체크6, 어떤 상품을 팔 것인가

상품정책은 중요하다. 고품질 충실성전략으로 갈 것인가, 대중적인 상품의 편의성전략으로 갈 것인가? 즉 상품판매가격이 비싸도 고품질상품을 준비해 팔 것인가?^{충실성전략}, 대중적인 상품을 준비해 싸게 팔 것인가?^{편의성전략} 판매품목을 다양하게 준비할 것인가, 소품종으로 집중할 것인가, 고객에 따라, 창업상권과 입지에 따라, 경쟁자와의 관계에 따라 상품정책은 달라져야 한다.

체크7, 얼마에 팔 것인가

상품판매가격을 결정하는 문제는 중요하다. 고품질위주의 충실성전략을 취한다면 고가정책으로 가야할 것이고, 가격위주의 편의성전략을 취한다면 저가정책으로 가야할 것이다. 이처럼 상품판매가격을 결정하는 일은 매출과 수익성에 영향을 미치는 중요한 요소로 시장환경, 경쟁자의 마케팅정책과 고객소득수준을 분석하고 결정해야 한다. 소득수준이 낮은 편에 속하는 상권이거나 국가의 시장경제가 불황에 접어들었다면 상품정책과 가격정책은 편의성전략에 맞추는 것이 좋다.

체크8, 광고, 판매촉진은 어떻게 할 것인가

매출향상을 위한 광고나 판매촉진은 가게와 상품을 소비자에게 어떻게 알릴 것인가를 결정하는 중요한 문제다. 광고나 판매촉진으로 매출향상이 되도 손해 보는 경우가 있다. 광고비용과 판매촉진비용의 지출이 매출이익보다 크기 때문이다. 따라서 경제적인 광고홍보, 판매촉진을 해야 한다. 광고를 안 해도 손해 보고, 광고를 해도 손해 보는 경우가 이런 경우다. 어떤 광고방법이나 판매촉진방법으로 고객을 끌어당기고 매출을 늘려 수익을 키울 것인가를 연구하고 실행하는 일은 끊임없어야 한다.

체크9, 어떤 직원을 채용할 것인가

월급을 더 주더라도 판매능력과 매너 있는 직원을 채용하는 것은 비싼 월급의 지출에 따른 손실보다 직원의 능력으로 얻어지는 부가가치가 훨씬 크다. 능력 있고 성실하고 매너 있는 직원이라면 급료를 계속해서 올려주더라도 함께 오래 동안 일하는 것이 올바른 직원관리방법으로 경영에 이익이 된다.

체크10. 무엇을 혁신하고 차별화할 것인가

시종일관 강조하는 말이지만 무슨 창업을 하든지 오늘날 대한민국의 창업시장에서는 조금이라도 독특해야 살 수 있다. 장사의 혁신과 차별화의 목적은 궁극적으로 고객점유율을 높이고 매출을 향상시켜 생존하는 데 있다. 독특한 차별화는 고객의 필요와 욕구를 해결하는 데 초점을 맞춰야 한다. 평범한 가게는 널려 있다. 남들과 같은 평범한 가게를 하나 더 해놓는다고 어떤 사람이 환영하는 것도 아니고, 어떤 누군가의 가게 하나가 실패해 없어진다고 아쉬워할 사람은 없다. 고객입장에서 있으나 마나한 가게는 소용이 없다. 소비자들이 제품이나 서비스가 무엇이 마음에 안 들고 어떻게 달라지기를 바라는지를 알아내 그것을 해결하는 것이 장사를 잘하는 비결이다. 혁신은 큰 것에만 있는 것이 아니다. 작은 변화에도 고객은 행복해 한다.

체인점 할 때 체크할 점 다섯 가지

장사경험이 많은 사람들은 대체로 체인점 창업을 하지 않는다. 체인점에 지불하는 가맹비, 인테리어비, 상품구매비용이 비싸고, 상품의 판매마진이 적다고 생각하기 때문이다. 하지만 장사경험이 적거나 없는 사람들은 체인점 창업을 선호한다. 창업의 모든 문제를 일괄적으로 지원받고 안정적으로 자리를 잡는다고 생각하기 때문이다. 하지만 모든 가맹점이 그렇게 쉽게 자리를 잡고 수익이 보장되지는 않는다. 체인점 창업을 잘못해 투자 자금을 통째로 손해 보는 창업자들도 있고, 똑같이 유명체인점을 창업해도 누구는 성공하고 누구는 실패한다. 즉 유명한 체인점도 모르고 덤벼들면 누구든지 실패한다. 이름 있는 유명한 체인점을 창업하더라도 창업하는 방법의 기본은 알아야 한다. 체인점하기 전에 다음 다섯 가지 기본사항을 체크해라.

1. 본사 능력과 지원방법을 체크해라

본사의 운영자금, 경영능력에 부족함이 없는가?
재무구조, 조직이 체인점을 잘 지원할 수 있는가?
가맹비, 보증금, 인테리어비용이 과하지 않은가?
체인점 가입조건이 지나치게 파격적이지 않은가?
본사만 유리한 체인점 가맹 계약서는 아닌가?
3년이 안 되고 체인점 수가 적지는 않은가?
투자한 창업자금을 쉽게 회수할 수 있는가?

2. 업종과 아이템의 사업성을 체크해라

아이템의 사업성, 수익성, 비전성을 분석해라.
판매마진과 시장성을 냉정하게 조사 분석해라.
다른 경쟁업체와의 경쟁력을 조사 분석해라.
업종과 아이템의 상품력, 경쟁력을 분석해라.

3. 입지선택을 중요하게 여기고 체크해라

유명체인점을 창업하더라도 입지와 점포가 나쁘면 실패한다. 경쟁업체에 비하여 입지경쟁력이 떨어지거나 점포규모가 너무 크거나 작거나 점포모양이 좋지 않게 생겼다면 매출에 나쁜 영향을 미친다. 본사에서 입지평가분석을 지원하지만 본사 능력만 믿으면 안 된다. 체인점의 브랜드 경쟁력이 좋아도 입지, 점포, 매장연출에서 경쟁자에 밀리면 유명체인점도 실패한다.

4. 내 창업능력과 경쟁관계를 체크해라

유명체인점을 창업하더라도 실패할 가능성은 많다. 창업의 유지관리에 필요한 운영비용 조달의 문제가 있고, 경쟁자와 싸워 이겨야하는 창업경영능력의 문제가 있다. 특히 다양한 경쟁자와 싸워야하는 문제는 중요하다. 때로는 생각하지도 않았던 강한 경쟁자가 나타나 위험해지고 실패하는 경우는 얼마든지 발생한다. 이러한 문제의 해법은 제5강에서 학습한 생계형 장사의 준비 열가지 콘텐츠가 경쟁자에게 밀리지 않도록 준비해야 한다.

5. 직원채용과 판매촉진 문제를 체크해라

체인점 창업할 때도 직원채용과 판매촉진의 문제는 중요하다. 능력 있는 직원채용과 판매촉진전략의 해결방법을 본사에만 의존해서는 안 된다. 유명체인점을 선택하는 것은 기본적으로 중요한 것이고 능력 있는 직원을 채용하는 일도 중요한 일이다.

나아가 남다른 판매촉진전략을 구사하여 고객을 끌어당기고 매출을 늘리는 일은 끊임없이 노력해야 한다.

6강

아버지가 가르쳐주는 삶과 창업의 지혜

6강에서는 삶과 창업의 지혜, 창업자 정신과
올바른 창업방법을 학습한다.

1

좋은 성공 나쁜 성공,
좋은 실패 나쁜 실패

높은 산을 오를 때는 보폭을 작게 하고 천천히 가야 쉽고 빠르게 정상정복을 할 수 있다. 등산전문가의 조언이다. 마찬가지로 창업을 할 때는 좋은 성공과 나쁜 성공, 좋은 실패와 나쁜 실패를 알고 되도록 작게 시작해 천천히 가야 크게 성공할 수 있다. 아버지^{저자}의 조언이다.

작게 시작해 천천히 가야 크게 성공한다

무슨 일을 하든지 작게 시작하고 천천히 가야 더 멀리갈 수 있고 더 높이 오를 수 있다. 성공창업의 길은 멀고 험하다. 멀고 험한 길을 오랫 동안 가려면 힘들지 않아야 하고, 쉽고 재미있어야 하고, 위험이 없어야 한다. 그러기 위해서 과거와 현재를 알고 미래를 예측할 수 있어야 한다. 큰 야망을 품는 것은 중요한 것이지만 작게 시작해 천천히 가야 큰 성공을 할 수 있다.

욕심내고 서두르면 나쁜 실패를 한다

초목은 싹트고 뿌리내리고 자라고 꽃이 피는 과정을 거쳐 열매를 맺는다. 창업도 이와 같은 과정을 거쳐야 좋은 성공을 할 수 있다. 시작부터 빨리 많은 이익을 얻으려고 서두르고 벌리고 덤비면 나쁜 실패를 한다. 창업은 생각한 대로 이루어지는 만만한 것이 아니다. 창업은 현실적이고 어렵고 냉정한 것이다. 언제든지 생각하지 못했던 별의별 위험이 시도 때도 없이 닥친다. 이러한 것들을 생각하고 계획한 창업이 좋은 창업이다. 나무를 심고 정성들여 가꾸고 결실은 하늘에 맡기듯, 희망이 있는 좋은 창업을 하고 정성들여 가꿔가야 좋은 성공을 할 수 있다. 50년, 100년을 장수하는 창업을 하는 사고방식으로 임해야 한다.

- 벌어서 갚겠다는 생각으로 빚내 창업하지 말라.
- 자원이 많아도 작게 시작해야 천천히 키워가라.
- 창업시장을 얕보고 덤벼들면 누구든지 실패한다.
- 야망을 갖되 작게 시작해 키워가는 계획을 짜라.
- 요리처럼 따라하면 성공하는 창업 레시피는 없다.
- 자기만의 독특한 창업 레시피를 준비해 시작해라.
- 창업이 어려운 것은 시장이 계속해 변하기 때문이다.

창업 후 1~2년의 시간은 창업했을 때 미비한 준비를 보완하는 시간으로 중요하고, 창업 후 2~3년의 시간은 뿌리를 더 깊이 내리는 시간으로 중요하고, 창업 후 4~5년의 시간은 더 좋은 성과를 얻기 위해 성장하는 시간으로 중요하다. 이렇게 보완하고 뿌리내리고 성장하는 시간을 거치지 않으면 실패한다. 누차 말하지만 창업이 어려운 것은 보고 따라 할 수 있는 매뉴얼이 없기 때문이다. 따라서 초목이 싹트고 자라듯 작게 시작해 천천히 키워가야 건강한 뿌리를 내리고 실한 가지를 뻗고 꽃이 피고 열매를 맺는다. 시작부터 결과만을 생각하지 말고 자라는 과정을 더 중요하게 생각해야 한다.

결과보다 과정이 더 중요하다

자본이 많고 세상을 많이 살아본 사람들도 창업이 쉬운 것이 아니다. 창업초기에는 누구든지 시행착오에 따른 손실이 발생한다. 작게 시작한 창업은 잘못된 부분을 쉽게 바로 잡을 수 있어 손실비용이 작게 발생하지만, 크게 시작한 창업은 잘못된 부분을 바로 잡기 어려워 손실비용이 커지고 크게 실패하게 된다. 따라서 큰 목표를 갖되 작게 시작하고 천천히 키워가는 것이 올바른 창업방법이다. 무엇을 하든지 시작과 과정이 좋아야 결과가 좋아진다.

고수는 야망이 있지만 그것을 이루기 위해 작게 시작한다. 규모의 창업은 성장기에 더 많은 에너지가 필요하다. 무엇을 하든지 성장기에 에너지를 지속적으로 공급받지 못하면 실패한다. 성공은 상처와 고통이 따르는 성장과정을 이겨내야 만들어지고 그러한 과정을 잘 이겨내려면 지속적으로 에너지 공급을 받아야 한다. 따라서 창업규모가 크면 더 많은 에너지가 필요하고 창업규모가 작으면 적은 에너지만으로도 가능하다. 바꿔 말해 문제를 해결할 수 있는 능력을 초과하지 않고 창업하는 것이 성공하는 방법이다. 오늘날의 시장은 작던 크던 1등만 알아주는 냉정한 시대다. 따라서 창업은 작게 시작해 1등을 하고 더 큰 1등으로 만들어가는 것이 지혜다.

- 서두르고 욕심 부리면 더 많은 능력이 필요하다.
- 빚내 벌리면 크게 위험해지고 나쁜 실패를 한다.
- 창업은 눈덩이를 굴려가듯 천천히 굴려야 한다.
- 규모의 창업보다 실속 있는 창업이 좋은 창업이다.
- 창업시장경제를 모르면 나쁜 실패를 할 수 있다.

창업을 하고나면 예고 없는 위험이 닥친다. 위험에 대비해야 할 것 중에 첫 번째는 창업운영에 필요한 예비비다. 특히 소자본 창업자들은 창업 후 예상치 못한 위험한 일들에 대비해 운영예비비를 반드시 준비해 두거나 조달할 방법을 준비해 둬야 한다. 창업규모가 크면 큰 만큼 예비비가 있어야 위험을 넘길 수 있고, 창업규모가 작으면 작은 만큼만 예비비가 있어야 위험을 넘길 수 있다. 두 번째 대비는 위험을 해결하는 경영능력이다. 경영능력도 마찬가지로 창업규모가 크면 큰 만큼의 경영능력이 필요하고 작으면 작은 만큼의 경영능력이 있으면 된다. 세 번째 위험에 대비하는 방법은 과거와 현재의 시장경제를 아는 것이다. 과거를 모르고 현재만 알면 미래에 닥칠 위험을 예측하지 못해 실패한다. 따라서 모든 창업은 시장경제를 알고 시작하고 작게 시작해 천천히 키워가는 것이 지혜다.

무슨 창업을 하든지 크고 멋지게 성공하고 싶으면 작게 시

작해 천천히 가라. 웬만한 자원과 경영능력으로는 처음부터 큰
것을 노리면 나쁜 실패를 한다. 크게 성공하려면 많이 알아야
하고, 섣불리 넘비지 말아야 한다. 창업은 열정만으로 되는 것이
아니라 창업시장경제^{세상}를 알고 냉철함과 담대함이 있어야 한
다. 많은 사람들이 열정을 강조하지만 창업시장경제^{세상}를 모르
고 덤비는 열정은 나쁜 실패를 만드는 단초다. 하지만 누구나
완벽할 수는 없다. 그래서 반드시 작게 시작해 천천히 가야한다.
실패를 하더라도 좋은 실패를 해야 한다.

- 좋은 실패는 좋은 성공을 만드는 자원이다.
- 실패가 두려우면 희망도 기대하지 말라.
- 좋은 실패나 좋은 성공은 작게 시작해야 한다.
- 나쁜 실패를 하지 않으려면 빚내 창업하지 말라.
- 빚내 창업하면 나쁜 실패를 하고 패가망신한다.
- 나쁜 창업을 하면 나쁜 성공이나 나쁜 실패를 한다.

실패에는 사업전체를 왕창 실패하는 경우와 사업일부를 조
금 실패하는 경우가 있다. 창업을 하고나면 잘못된 계획이나 시
행착오로 누구나 어려움이 생긴다. 작은 일부분을 실패하면 바로
잡기가 쉽지만 사업전체가 실패로 기울면 바로 잡기가 어렵다.
어떤 실패를 하든지 어려움에서 빠져나오려면 낭떠러지^{실패}를
바라보거나 생각하지 마라, 위^{성공}만 바라보고 생각해라. 만약 견
디기 힘들고 실패가 확실하다고 판단되면 포기하고 다시 시작해

라. 그 때의 포기는 더 큰 성공을 만들 수 있는 자원이 된다. 하지만 감당하기 어려운 시련과 고통의 나쁜 실패를 하지 않으려면 작게 시작해 천천히 가야한다. 그래야 더 높이 더 멀리 날을 수 있다. 아버지^{저자}가 경험하고 터득한 삶과 창업의 지혜다.

버는 것보다
빚지지 않는 것이 더 중요하다

창업을 해 돈 버는 일보다 더 중요한 것은 창업실패로 갚을 빚을 만들지 않는 것이다. 만약 창업실패를 하더라도 갚을 빚이 있는 실패를 하지 않는 것이 중요하다. 그런 창업을 하기 위해 빚내 창업하지 말아야 하고 능력에 맞게 작게 시작해 천천히 가야한다. 창업할 때 가장 중요한 지혜다.

다시 말하지만 대부분의 소자본 창업은 창업 후 1~2년의 진입기를 거쳐, 3~5년의 자리 잡는 시기를 잘 넘겨야 창업이 안정궤도에 들어간다. 무슨 창업을 하든지 처음부터 잘될 것이라고 생각하지 마라. 특히 오늘날 생계형 장사는 창업 1년 안에 40%가 실패하고, 창업 3년 안에 60%가 실패하고, 창업 5년 안에 70%가 실패하고, 창업 10년을 넘기는 창업자는 16%라는 통계가 있다. 물론 살아남은 창업자들 중에도 절반 이상은 먹고 살기가 빠듯하다. 창업의 진입기, 성장기를 잘 넘기고 자리를 잡는 일이 그만큼 어렵다는 뜻이다. 남의 일이 아니라 누구에게든지 닥칠 수 있는 일이다.

창업실패를 했는데 갚을 빚이 없는 실패를 했다면 좋은 실패를 한 것이다. 하지만 대부분의 창업자들은 갚을 빚이 있는 나쁜 실패를 한다. 창업실패로 무일푼이 되었더라도 갚을 빚이 없다면 재기하기 쉬운 좋은 실패를 한 것이고 갚을 빚을 남겨둔 실패를 했다면 재기가 힘든 나쁜 실패를 한 것이다. 따라서 실패를 하더라도 갚을 빚이 없는 좋은 실패를 하도록 창업해야 한다. 앞서 말했지만 그러려면 능력을 초과하는 창업을 하지 말아야 하고, 빚내 창업하지 말아야 하고, 작게 시작해 천천히 키워가는 창업을 해야 한다.

창업초기에는 누구든지 시행착오에 따른 손실이 적으냐 크냐의 문제지, 손실이 있느냐 없느냐의 문제가 아니다. 처음부터 감당하지 못할 규모의 창업을 벌려 피해규모가 커지면 창업은 어려워지고 대부분 실패로 이어진다. 창업실패로 빚을 갚을 방법이 없는 어려움에 빠지면 삶은 힘들어지고 자칫 패가망신할 수 있다. 겁주려는 말이 아니고 경각심을 일깨워주려는 말이다. 따라서 감당할 수 없는 빚을 내서 창업하는 일은 절대 하지 말아야 한다. 고통과 어려움의 자초는 성공의 반대 방향으로 가는 일이다.

계속해 말하지만 무슨 일을 하든지 작게 시작해 천천히 키워가는 것은 가장 중요한 창업의 지혜. 창업을 실패하더라도 갚을 빚이 없다면 그 실패는 미래에 더 큰 성공을 만드는 자원이 되고 기회가 된다. 명심해라. 용기와 도전은 중요하고 필요한 것이지만 무모한 용기와 도전은 불필요한 것이고 안한 것만 못한 것이다.

실패의 고통을 당해본 적이 없는 창업자들은 수단방법을 가리지 않고 돈 버는 것에만 몰두해 빚내 벌리고 밀어붙이다 왕창 실패한다. 젊은 초보창업자들은 그것이 용기 있는 도전이라고 생각한다. 젊은 초보창업자들 대부분이 그렇게 실패한 창업을 하고 고통의 힘든 시간을 보낸다. 때로는 재기 불능한 상태에 빠져 자신감을 잃고 사회를 불신하고 인생을 한탄한다. 대부분의 창업자들은 이러한 일들이 자신과는 상관없는 일이라고 생각한다.

한번 왕창 실패하면 인생에서 10년 이상의 세월이 날아간다. 생각보다 많은 사람들이 창업초기부터 욕심을 부리다가 실패하고 감당할 수 없는 빚을 지고 긴 세월 고통스러운 삶을 살아간다. 우리는 그런 사람들을 주위에서 많이 보고 알면서도 자신과는 상관없는 일로 착각한다. 아버지^{저자}도 그런 경험이 있다. 실패를 하더라도 빚까지 지는 창업을 해서는 안 된다는 것이 아버지^{저자}가 40년 넘는 동안 18번을 도전하면서 깨달은 지혜다. 그래서 창업은 작게 시작해 천천히 키워가라고 계속해서 강조하는 것이다. 다시 말하지만 창업을 해 돈 버는 것보다 중요한 것은 실패로 갚을 빚을 만들지 않는 것이다.

오늘날 크게 성공한 사람들 중에는 부모나 가족이나 남의 충분한 도움으로 성공한 케이스를 빼고는 크게 벌려 실패하지 않고 승승장구한 사람은 하나도 없다. 모두가 실패했다. 하지만 실패한 후 시련과 고통의 과정을 이겨내고 다시 일어나 작게 시작해 천천히 키워간 소수의 사람들은 성공했다. 갚을 빚이 없어야 다시 일어날 수 있는 좋은 기회가 생긴다. 창업자 열 명 중 일곱 명이 실패한다는 통계는 고수, 하수, 초보창업자, 창업경험이 있거나 없는 모든 창업자를 합한 통계다. 그렇다면 고수나 경험이 있는 창업자를 뺀 초보창업자들만을 통계한 창업실패율은 얼마나 될까? 그런 통계는 없지만 창업자 열 명 중 아홉 명은 실패한다고 생각한다. 성공한 한 명에 낄 자신이 없다면 작게 시작해 천천히 가라. 나는 절대 실패하지 않는다고 확신하거나 실패해도 좋다고 생각하는 사람이라면 빚내 벌려도 괜찮다. 되도록이면 빚내 창업하지 말고 더 힘들어지는 삶을 살지 말라. 하지만 만약에 실패를 한다면 반드시 다시 일어나 갈 것을 계산한 창업을 해라. 그리고 값진 실패를 바보처럼 버리는 실수는 하지 마라.

남들과 똑같이 하려면 하지 마라

섹션포인트

　뭐를 하든지 남들과 똑같이 하면 성공할 가능성은 희박하다. 남들과 똑같이 평범한 창업을 해 실패했거나 실패해 가고 있는 사람들은 부지기수다. 이는 규모의 창업을 폼나게 하라는 말이 아니다. 작게 하더라도 독특하게 하라는 뜻이다. 세상이 바뀌고 시장이 바뀌었다. 남들과 똑같은 창업은 가치가 없다.

기존 창업자들보다 경쟁력이 떨어지면 두고 볼 것도 없이 실패한다. 창업시장경제를 모르고 경제개념도 없는 소극적인 사람들은 창업하지 마라. 이런 사람도 볼 것도 없이 실패한다. 지나치게 열정적이고 야망가인 사람들은 창업을 더 조심해라. 자칫 더 큰 실패를 할 수 있다. 모든 창업자들은 창업시장을 경험하고 바로 알고 창업해야 실패를 피할 수 있다. 대한민국 오늘날의 창업시장은 과거시장과 크게 달라졌다. 비슷비슷한 수많은 창업자들은 넘쳐나고 파워풀한 창업자들은 많다. 기존 창업자들보다 준비를 확실하게 더 잘하든가 다르고 독특해야 성공할 수 있다. 작은 위험을 감수하고 부딪쳐 이겨낼 때 좋은 기회가 온다.

이렇게 창업하면 실패한다

- 평범하고 흔한 창업을 하면 실패한다.
- 성공한 창업자를 따라 창업하면 실패한다.
- 초보창업자가 규모의 창업을 하면 실패한다.
- 얕은 지식과 지혜로 빚내 창업하면 실패한다.
- 전략적 창조적 창업을 하지 않으면 실패한다.

이렇게 창업하면 성공한다

- 작게 시작해도 독특하게 창업하면 성공한다.
- 기존 창업자들과 다르게 창업하면 성공한다.
- 작게 시작하고 천천히 키워 가면 성공한다.
- 작게 창업해도 빚 없이 시작하면 성공한다.
- 창조적 모방의 혁신창업을 하면 성공한다.

다시 말하지만 남들과 똑같은 창업을 해놓고 고객이 찾아줄 것을 기대하면 실패한다. 고객은 자신을 알아주는 곳을 편하게 생각하고 가던 곳을 찾는다. 이러한 고객을 끌어오려면 경쟁자들과 무엇이 달라도 달라야 한다. 상품이 다르거나 독특해야 하고, 품질이 좋고 가격이 싸야 하고, 매장이 가깝거나 이용이 편해야 하고, 서비스가 좀 더 좋아야 한다. 고객은 뭔가 조금이라도 편하고 이익이 된다고 느껴져야 움직인다. 기존 창업자들보다 뭔가 조금이라도 다르거나 독특하지 않으면 단골집을 바꾸지 않는다. 따라서 기존 창업자들과 똑같이 창업하려면 하지 않는 것이 잘하는 것이고 하려면 뭔가 조금이라도 디퍼런트한 창업을 해야 한다.

절대로 빚내 창업하지 말라

세션포인트

갚을 확신이 100% 없으면 절대로 빚내 창업하지 말라. 패가망신한다. 창업자금이 적으면 적은 대로 없으면 없는 대로 시작해라. 없어서 할 수 없다면 안하는 것이 잘하는 것이다. 그래도 빚내 창업하겠다면 반드시 창업코칭을 받고 창업해라. 정말로 중요한 창업의 지혜다.

빚내 창업하는 것은 정말 위험하고 잘못된 창업방법으로 자칫 돈 잃고 사람 잃고 미래의 행복까지 잃을 수 있다. 작게 시작해도 빚 없이 창업해야 더 빨리, 더 크게 성공한다. 빚내 창업하면 실패율이 커지는 이유는 창업초기부터 지출비용이 커지고 이자비용이 더해져 운영비지출이 늘고, 빚낸 투자자금의 상환이 계획대로 되지 않아 어려움에 직면하기 때문이다. 결국 빚내 벌린 창업은 더 어렵고 힘들어져 십중팔구는 망하는 코스로 들어선다.

빚을 낼 때는 창업할 때가 아니라 창업이 성공적으로 자리를 잡고 수익이 정상적으로 발생해 사업 확장이 필요할 때다. 물론 이때도 상환할 수 있는 수입능력이 확실할 때 빚내 투자해야 한다. 경력이 있는 사람이든 경력이 없는 사람이든, 소자본 창업이든 규모의 기업이든 능력을 알고 창업하고 사업을 확장해 가는 것이 성공창업경영의 비법이다. 창업이 수익을 내기 시작하고 비전이 보이면 좋은 투자자들은 좋은 조건으로 몰려든다. 그때 유리한 조건으로 빚을 내 능력에 맞게 확장하는 것이 창업경영의 지혜다. 물론 그 때도 신중해야 한다. 빚내서 하는 투자는 정말 위험하기 때문이다. 힘 있는 대기업들이 무너지는 사례도 이 같은 원인에서 시작된다.

　　창업자금이 부족하면 부족한 대로 없으면 없는 대로 창업해라. 빚내 벌리는 창업은 성공을 만드는 일이 아니라 실패를 만드는 일이다. 빚내 창업하면 실패할 위험성은 지금 네가 생각하는 것보다 훨씬 더 크다. 한번 지핀 불로 한겨울을 지낼 수는 없다. 벌어서 빚을 갚을 생각이라면 절대로 빚내 창업하지 말라. 창업초기에 한번 반짝하는 매출현상이 계속해서 되는 것은 아니다. 생각처럼 벌어서 갚을 수 있는 상황이 되는 것이 아니다. 한번 불을 지피면 하루는 따뜻하지만 계속 불을 지피지 않으면 계속 따뜻할 수 없다. 따라서 소자본 창업자들은 계속해서 불을 지필 능력이 안 되므로 능력을 초과하는 규모의 창업을 해서는 안 된다. 빚내 창업하면 결국 더 빨리 망하는 길로 들어서는 것이다. 따라서 작아도 기초가 튼튼한 창업을 하는 것이 중요한 창업의 지혜다. 만약에 빚내 창업한다면 반드시 갚을 능력이 확실할 때 갚을 수 있는 만큼 빚내야 한다. 창업자금이 없어서 창업하지 못하는데 빚내 창업하지 말라는 이야기가 이해가 되지 않는다면 아직 이 책 내용을 올바로 이해하지 못한 것이다. 아무튼 다시 강조한다. 빚내 창업하지 말라.

- 자금조달능력이 어려울수록 규모의 창업을 하지 마라.
- 작게 창업해도 빚 없이 창업해야 빠르게 성공한다.
- 없으면 없는 대로 작게 시작하고 천천히 키워가라.

- 빚내 투자할 때는 경영이 안정궤도에 들었을 때다.
- 자신의 창업경영능력을 너무 과대평가 하지 말라.

무슨 일을 하든지 하나가 풀리면 모두가 풀리고 하나가 꼬이면 모두가 꼬이는 것이 세상만사다. 빚내서 멋지게 벌리는 창업은 능력 있는 고수^{프로}들의 창업방법이 아니다. 시장경제를 모르는 하수^{아마추어}들의 창업방법이다. 작게 시작해 천천히 키워가는 것이 능력 있는 프로들의 창업방법이다. 한 번 더 말하지만 창업이 어려운 것은 매뉴얼이 없기 때문이다. 빚내 창업하지 마라. 더 힘들어지고 어려워진다.

5

실패한 창업이라고 판단되면
다시 해라

섹션포인트

실패한 창업이라고 판단되면 포기하고 다시 시작하는 것이 중요
한 창업경영의 지혜다. 실패한 창업을 붙잡고 살려보겠다고 애쓰는
것은 작은 실패를 키워 큰 실패를 만드는 일이다. 성공하기 위해 때
로는 과감한 포기도 중요하다. 그 때의 포기는 좋은 포기고 좋은 지
혜다.

만약 실패한 창업이라고 판단되면 되도록 빨리 포기하고 ^{좋은 포기} 다시 시작해라. 실패한 창업을 어떻게 받아들이고 어떻게 대처하느냐에 따라 실패는 불행의 씨가 되기도 하고 행복의 씨가 되기도 한다. 실패를 디딤돌로 삼아 딛고 일어나면 행복의 씨가 되고 좌절하면 불행의 씨가 된다. 실패한 창업이라고 판단되면 빨리 포기하고 다시 시작하는 것이 좋은 포기이고 잘하는 경영 방법이다. 좋은 포기는 성공을 만드는 자원이고 행동이다. 성공한 사람들은 포기할 때를 놓치지 않고 포기하고 다시 시작한 사람들이다. 좋은 포기는 기회이고 더 큰 성공으로 가는 출발점이다.

작은 실패를 키워 큰 실패로 만들지 말라

작은 실패를 더 큰 성공으로 만드는 지혜를 배워라. 이는 창업경영의 중요한 지혜로 고수들의 사고방식이다. 다시 일어나기 쉬운 작은 실패와 다시 일어나기 어려운 큰 실패는 같은 실패가 아니다. 전자는 희망이 있는 좋은 실패고 후자는 희망이 없는 나쁜 실패다. 물론 작은 실패든 큰 실패든 반성과 깨달음을 통해서 다시 일어날 수 있으면 좋은 희망의 씨가 될 수 있지만, 다시 일어날 수 없으면 작든 크든 나쁜 절망의 씨가 된다. 나쁜 실패는 대체로 절망의 씨가 될 가능성이 크다. 따라서 실패라고 판단되면 더 이상 시간과 돈을 들여 나쁜 큰 실패로 키우지 말고 포기하고 다시 시작하는 용단이 있어야 한다. 우리 주위에는 좋은 작은 실패를 나쁜 큰 실패로 키워 힘들게 고통 속에서 살아가는 사람들이 많다. 실패라고 판단되면 빨리 포기하고 다시 시작하는 것은 창업경영에서 매우 중요하다.

이런 창업은 포기하고 다시 해라

- 아이템 선정을 잘못했다면 포기하고 다시 해라.
- 입지선정을 잘못했다면 입지 선택을 다시 해라.
- 경쟁자를 이길 방법이 없다면 다시 해라.
- 적자에서 벗어날 방법이 없다면 다시 해라.
- 살려낼 희망이 보이지 않으면 다시 해라.
- 적성에 맞지 않고 정말 하기 싫으면 다시 해라.
- 미래가 전혀 보이지 않는 창업이라면 다시 해라.
- 네 지혜로 판단할 수 없으면 전문가의 지도를 받아라.

하루라도 빨리 정리하고 폐업해야 할 실패한 창업자들, 기본 생활도 안 되는 창업을 안타깝게 끌고 가는 실패형 창업자들, 그래서 빨리 포기하고 다시 시작해야 하는 창업자들은 주위에 많다. 독자도 그중에 한 사람일 가능성이 높다. 다시 창업하는 방법에는 몇 가지가 있다.

- 아이템을 바꿔 다시 창업하는 방법
- 입지를 바꿔 다시 창업하는 방법
- 마케팅방법을 바꿔 다시 창업하는 방법
- 폐업하고 다시 창업하는 방법
- 폐업하고 프리랜서를 하는 방법

어떻게 다시 시작하든지 실패한 프로젝트, 실패한 창업을 붙잡고 힘들게 실패로 키워가고 있는 것보다 포기하고 다시 시작하는 것이 훨씬 이익이다. 노력한다고 죽은 나무에서 다시 싹이 트는 것이 아니다. 사업^{장사}은 냉정하고 빠르게 판단하고 행동하는 것이 중요하다. 지금 하고 있는 프로젝트나 장사가 실패라고 판단되면 지금까지 얼마의 돈과 시간이 들어갔든 용기 있게 포기하고 다시 시작하는 사람이 현명한 창업가다. 투자한 돈이 아까워 미련을 갖고 포기하지 않는다면 피해는 더 커지고 미래는 더 힘들어진다.

살아보면 이상하게도 삶이 불행만 계속되지도 않고 행운만 지속되지도 않는다는 것을 알게 된다. 실패로 가진 것이 없어도 다시 용기 있게 시작하면 행운이 따라준다. 포기가 두려워서, 손해가 아까워서 실패한 프로젝트, 실패한 창업을 붙잡고 안간힘을 쓰는 것은 현명하지 못한 어리석은 하수들의 행동이다. 붙잡고 있는 시간이 길어지면 눈에 보이는 피해는 물론이고 눈에 보이지 않는 경제적 피해규모는 커져간다. 작게 실패한 것을 큰 실패로 만드는 우를 범하지 않는 사람이 크게 성공할 가능성이 높은 창업가다.

실패의 징후를 알고 포기하고 다시 시작하는 것은 실패가 아닌 실수다. 프로젝트나 창업을 망쳐놓고 주저앉아 좌절했을 때 실패한 것이다. 창업을 망쳐버렸어도 다시 도전한다면 실패가 아니고 실수다. 실수라고 판단되면 빨리 포기하고 다시 시작하는 것은 중요한 삶과 창업의 지혜다.

한 우물만 파면 망한다

한 우물을 파야한다는 말은 쉽게 포기하지 말라는 뜻이다. 하지만 비즈니스는 한 우물을 파다가는 자칫 인생 전부를 망칠 수 있다. 수익성이 없고 실패한 창업이라고 판단되면 빨리 포기하고 다시 시작해라. 작은 실패일 때 정리하면 아픔은 작아지고 희망은 커진다. 실패인줄 알면서 실패를 끌고 가는 것은 작은 실패를 큰 실패로 키워 더 큰 시련과 고통을 만드는 일이다. 벼랑 끝이라는 생각이 들어도 잡고 있는 손을 놓을 수 있는 것은 용기 있는 건강한 창업자 정신이다. 어리석게 근심하지 말라. 두려움은 잠시뿐이다.

실패를 인정하고 다시 시작하는 것은 사실은 실패가 아니라 성공의 미래로 나가는 과정에서의 실수에 불과하다. 잠시 동안만 두렵고 힘들 뿐이다. 치명적인 창업실수를 모르고 힘들어하는 창업자들은 많다. 잘못한 창업, 실수한 창업의 함정에서 헤어나지 못해 큰 실패로 키우는 창업자는 생각보다 많다.

때로는 다시 시작하는 것이 훨씬 유리하다

제품이나 서비스의 품질을 업그레이드하고 마케팅방법을 체인지하는 것은 기존 창업자보다 신규 창업자가 유리하다. 기존 창업자가 마케팅방법을 바꾸려면 기존 인프라의 매몰비용^{회수할 수 없는 비용, 광고비 등}이 손실되고 새로운 비용이 추가적으로 발생하기 때문이다. 따라서 기존 창업자들은 비용증가에 따른 어려움과 두려움으로 혁신하기 쉽지 않다. 하지만 신규 창업을 하는 경우에는 매몰비용이 없고 추가비용이 발생하지 않기 때문에 훨씬 유리하다. 이 말은 실패라고 판단되면 빨리 포기하고 다시 시작하는 것이 훨씬 유리하다는 뜻이다. 과감하게 포기하고 다시 시작하는 사람이 언제나 더 큰 성공의 기회를 잡는다.

이룬 것을 지키는 것은 시작보다 중요하다

섹션포인트

　무엇을 하든 시작보다 중요한 것은 이룬 것을 지키는 일이다. 이룬 것을 지키지 못해 무너지면 시작할 때 실패하는 것보다 더 큰 피해를 보고 더 많이 힘들어진다. 세상에는 힘들여 이룬 것을 지키고 사는 사람들보다 이룬 것을 지키지 못해 힘들게 사는 사람들이 많다.

우리는 이룬 것을 지키지 못해 힘들게 살아가는 사람들을 주위에서 많이 본다. 이룬 것을 지키는 일이 중요한 것은 창업자들뿐만이 아니라 세상의 모든 사람들에게 해당되는 말이다. 많은 사람들이 이룬 것을 지키는 방법을 모르거나 간과함으로써 무너진다. 별의별 일이 다 생기고 후회한다. 그렇다고 실패가 두려워 시작하지 않는다면 더 많이 후회한다. 행복이나 성공은 도전이 출발점이다. 아무것도 도전하지 않는다면 실패도 없겠지만 성공도 행복도 없다. 이룬 것을 지키는 것은 알고 보면 어렵지 않다. 경거망동하지 않고, 교만하지 않고, 안주하지 않고, 게으르지 않고, 딴 짓하지 않고, 성과를 나누면 이룬 것을 지킬 수 있다.

이룬 창업을 지키는 방법 열 가지 조언

① 초심을 잃지 말고 항상 초심대로 해라.
② 더 많이 벌겠다고 함부로 확장하지 말라.
③ 지금 잘되고 있다고 자만하거나 안주하지 말라.
④ 지금까지 성공한 과거의 방법만 고수하지 말라.
⑤ 어제의 패러다임과 평범한 경영방법을 혁신해라.
⑥ 시장과 트렌드가 바뀌면 마케팅방법을 바꿔라.
⑦ 기존경쟁자, 잠재경쟁자, 대체경쟁자를 조심해라.

⑧ 내부고객, 외부고객, 모든 고객과 성과를 나눠라.

⑨ 모르는 사업을 추가하거나 딴 짓 하지 말라.

⑩ 창업도서, 인터넷정보, 전문가 말을 다 믿지 말라.

무엇인가를 이루는 것은 어렵지만 이룬 것을 지키는 일은 더 어렵다. 커지면 커질수록 더 많은 능력과 에너지가 필요하고, 시장과 환경이 변하고, 고객이 바뀌고, 경쟁자가 많아지고, 이룬 자의 마인드와 행동이 바뀌기 때문이다.

성공한 과거의 방법에 매달리면 실패한다. 이루는 과정에서는 쫓아가는 방법에서 해법을 찾아야 하지만 이룬 후에는 개척하는 방법에서 해법을 찾아야 한다. 때로는 성취 후에 오는 상실감이나 허탈감도 주의해야 한다.

능력이 부족한 사람들은 성공궤도에 진입하면 안주하고 싶어진다. 목적지에 도달하면 긴장을 풀고 게을러진다. 자만하고 안주함으로써 다양한 경쟁자들로부터 추격을 당하고 밀리게 된다. 시장은 끊임없이 변하고 치열한 경쟁은 끝이 없다. 이러한 사실들을 잊어버리면 누구든지 여지없이 이룬 것이 무너진다. 50년, 100년, 200년의 행복과 성공을 이어가는 마음가짐이 중요하다. 기억해 둬라. 로마는 하루아침에 이루어지지 않았다. 모든 길은 로마로 통한다고 떠들어댔다. 하지만 지금 그 로마는 무너지고 없다. 100년을 영속하는 사업체가 적은 것도 그와 같은 연유에서다. 성공의 가장 큰 적은 자신이다.

그래도 도전하는 사람에게 희망이 있다

창업이 위험해 보이거나 실패가 두려워 시작조차 못하는 사람보다는 그래도 도전하는 사람에게 희망이 있다. 이래서 못하고 저래서 못하고 겁나서 못하고 위험해서 시작조차 못하는 사람들보다는 도전하는 사람의 미래가 밝다. 미래가 조금이라도 보인다면 도전해라. 그래야 행복도 성공도 만날 수 있다.

이 책을 읽다보면 용기 있게 도전하라는 말보다 능력이 안 되면 창업하지 말라는 이야기 일색이고, 도전하라는 말보다는 조심하라는 이야기를 많이 한다. 하지만 이 책 전체의 뜻을 잘 생각해 보면 저자아버지가 말하는 핵심은 바른 계획과 철저한 준비로 자신감을 갖고 용기 있게 도전하라는 이야기다. 즉 건강한 창업자 정신을 갖고, 학습과 경험을 통하여 먼저 창업시장경제세상를 알고, 바르게 계획하고 철저하게 준비하고 창업할 것을 주문하고 있다. 무슨 일을 시작하든 위험이 조금도 없고 성공이 100% 손에 잡힐 때 도전하겠다면 세상에 그런 기회는 없다. 부정적이고 용기가 없어 시작도 못하는 사람보다는 넘어져도 용기 있게 도전하는 긍정적인 사람의 미래가 훨씬 더 밝다. 창업은 어려움보다 희망이 더 크다.

21세기 오늘날의 고용사회가 빠르게 무너지고 있다. 내일의 고용사회는 더 빠르게 나빠질 것이다. 어떤 책에서는 2030년 쯤 돼서는 고용사회가 지금의 반 토막이 될 것이라고 말하고 있다. 아무튼 다가오는 미래에도 지금처럼 취업이 삶의 모두라고 생각하는 사람들은 삶이 더 힘들어지지 않을까 생각한다. 미래의 직장은 안전지대가 아닐 가능성이 높다. 우리나라 시장에도 불황의 조짐이 보인다. 변화를 받아들이지 못하는 사람들이 낙오하는 시대가 이미 시작된 것은 확실하다. 모두 글로벌 시장경제의 단점인 것이다.

그래도 도전하는 사람의 미래가 밝다

- 초보자라서 세상을 모른다면, 그래도 도전해라.
- 창업경험이 한 번도 없다면, 그래도 도전해라.
- 성공할 가능성이 낮아 보이면, 그래도 도전해라.
- 창업자금이 없거나 부족하면, 그래도 도전해라.
- 경쟁자보다 능력이 부족하면, 그래도 도전해라.
- 창업위험성이 있어 보이면, 그래도 도전해라.
- 경쟁자를 이길 자신이 없으면, 그래도 도전해라.
- 성공할 자신이 조금밖에 없으면, 그래도 도전해라.

우리나라 오늘날의 창업은 어렵지만 내일은 더 어려워질 것이다. 겁나서 도전하지 못하는 사람보다는 그래도 도전하는 사람에게 더 희망이 있을 것이다. 2016년 1월 4일 신년 초 대통령이 한 말이 생각난다. '앞으로 10년 후의 먹고 살 일을 생각하면 밤잠이 안 온다는 말이다.' 빠른 변화, 치열한 경쟁, 용감한 도전정신을 떠 올리는 충격적인 이야기였다. 이 이야기 속에서 10년 후가 될 것이냐, 15년 후가 될 것이냐가 중요한 것이 아니다. 그런 미래가 곧 닥친다는 사실이 중요하다.

다만 학습하고 알고 도전해라

- 다만 마음의 각오를 단단히 하고 도전해라.
- 다만 창업시장경제를 학습하고 도전해라.
- 다만 철저하게 준비하고 도전해라.
- 다만 반드시 작게 시작하고 천천히 가라.
- 다만 시대에 맞게 계획하고 도전해라.
- 다만 프로답게 디자인하고 도전하라.
- 다만 긍정적, 열정적으로 도전하라.
- 다만 포기하지 말고 끝까지 가라.

창업은 창업자금이나 창업방법이 결정하는 것이 아니다. 건강한 창업자 정신, 즉 성공할 수 있다는 믿음이 결정한다. 국내든 국외든 대성한 사람들은 처음부터 규모의 창업을 한 것이 아니다. 대부분 차고에서, 골방에서, 창고에서, 길거리에서, 사무실도 없이 작게 시작해 시련과 고통을 이겨내고 천천히 키워낸 사람들이다. 추위와 비바람을 이기고 살아남아 꽃을 피우는 억센 들풀처럼 자신을 이겨낸 강한 창업자들이다.

하지만 이런 사람은 창업을 고려해라

다음 열 여섯 가지 항목 중 여덟 가지 이상이 해당되면 창업을 고려해라.

□ 소심하고 소극적인 사람
□ 안주하고 편하게 살기를 좋아하는 사람
□ 경쟁하기를 싫어하는 사람
□ 조용하게 사는 것이 좋은 사람
□ 용기와 자신감이 없는 사람
□ 리더십이 없는 사람
□ 대중 앞에서 발표력이 없는 사람
□ 복잡한 것이 싫고 변화가 겁나는 사람
□ 주장을 내세우기 싫고 내성적인 사람
□ 시장경제에 관심이 없는 사람
□ 눈에 보이고 손에 잡혀야 믿는 사람
□ 인내심이 부족하고 쉽게 포기하는 사람
□ 직장생활이 적성에 잘 맞는 사람
□ 무전여행이 겁나서 못 떠나는 사람
□ 집안에 사업이나 장사하는 가족이 없는 사람
□ 가진 것이 없으면 아무것도 못한다는 사람

무슨 일을 하든지 함께 생각하고, 함께 고민하고, 함께 계획하고, 함께 의지하고, 함께 같이 갈 수 있는 사람이 있다면 더 큰 성공을 할 수 있고 더 행복해 질 수 있다. 끝으로, 저자 아버지에게 창업을 성공하기 위해 가장 중요하고 필요한 것이 무엇이냐고 묻는다면 과하지도 부족하지도 않은 적절한 용기라고 말하고 싶다.

성공할 수 있다는 믿음을 갖고
한번 용기를 내 보세요
도전이 있어야 성공도 행복도 만날 거예요
성공과 행복은 도전 속에 있거든요
뭐든 열심히 하다보면 성공하고 행복해질 거예요
조금만 더 적극적이면 성공도 행복도 만날 거예요
포기하지 않으면 성공도 행복도 만날 거예요

이번 인생이 틀렸다고 포기하지 마세요
다음번의 인생을 보장할 수 없잖아요
성공하고 행복해야 하는 것은 우리의 숙명인 거예요
이 책을 만나 행복과 성공을 만날 수 있길 바랄게요

우리 다음에 또 만나요
우리 언제 또 만나요

감사합니다.
사랑합니다.

NOTE

저자소개

김동주

한 푼의 부모재산도 받은 것 없고, 사회지식도 경험도 없고, 세상물 정도 모르고, 학업을 중단하고 누구의 도움도 없이 26살의 이른 나이에 이상의 꿈을 품고 사회에 도전해 살다보니 43년의 경력이 쌓였다. 지금 까지 18번 도전해, 11번은 1년을 못 버티고 실패했고, 3번은 2년을 버 텼고, 2번은 4년을 버텼고, 2번은 10년을 넘겼다. 어떤 때는 희망이 없 어 그만뒀고, 어떤 때는 경영을 잘못해 실패했고, 성공이다 싶던 사업 은 욕심내 확장해 벌리다 실패했다. 이루는 것은 힘들었고 무너지는 것 은 순간이었다. 어떤 때는 수십억을 손해 봤고, 어떤 때는 수억, 수천만 원을 손해 봤다. 살던 집까지 내줘야 할 때도 있었고, 땟거리가 없을 정도로 철저하게 망해도 봤다. 추락은 힘들었지만 항상 꿈과 용기와 자 신감이 있었기에 지금까지 한 번도 포기하거나 좌절하지 않았다.

김동주 창업디자인연구소

창업세미나, 출장강의를 통한 창업시장경제 학습과 필요한 분들께 창업사업성평가, 창업입지 분석코칭, 창업트레이닝, 실패한 창업코칭, 창업을 해드리는 창업메이커 프로그램이 있습니다.

창업상담, 도서주문, 문의) 02-3474-3317 메일 kpmr12@naver.com

아버지가 가르쳐주는
3일간의 창업수업

초판인쇄	2016년 3월 25일
초판발행	2016년 3월 31일
지은이	김동주
펴낸이	안종만
편 집	한현민
기획/마케팅	최봉준
표지디자인	권효진
제 작	우인도·고철민
펴낸곳	(주)**박영사**
	서울특별시 종로구 새문안로3길 36, 1601
	등록 1959. 3. 11. 제300-1959-1호(倫)
전 화	02)733-6771
f a x	02)736-4818
e-mail	pys@pybook.co.kr
homepage	www.pybook.co.kr
ISBN	979-11-303-0299-7 03320

copyright©김동주, 2016, Printed in Korea

정 가   15,000원